Workplace

「組織開発」を推進し、成果を上げる

［理論と実践］

マネジャーによる職場づくり

Kazuhiko Nakamura

中村和彦

日本能率協会マネジメントセンター

はじめに

　本書は、チームや職場の活性化をめざすミドルマネジャー（グループリーダーやチームリーダー、課長、部長）に読んでいただくことを想定しながら、チームや職場の活性化や組織開発の理論と実践について書きました。ミドルマネジャーには、プレイヤーである一般社員とは違った知識やスキル、力量が必要です。プレイヤーである一般社員から、チームや職場のリーダーやマネジャーになるためには、ある種の転換（トランスフォーメーション）的な成長が必要ですが、そのようなマネジャーの成長を支援する研修教育や支援施策が不充分な企業も多いです。

　マネジャーになるための基礎的な研修として扱われている内容は、人事労務管理、ハラスメント、メンタルヘルス、評価などに関するものの他、チームや職場の活性化や部下のモチベーション向上が役割であることを教えるものが多いようです。しかし、チームや職場の活性化などの役割を担っていることを研修で教えられたからといって、すぐに効果的に実践できる訳ではありません。

　最近は、ワーク・エンゲージメント（仕事に対するポジティブで充実した心理状態）が注目されています。それは、従業員が活き活きと働くことが重視されている表われです。本書では、チームや職場における人の側面である、チームや職場の活性化に向けた職場づくりについて、理論と実践方法をわかりやすく解説することを試みました。

　本書は、私が専門とする、組織開発の理論と手法をベースにして書かれています。組織開発とは、効果的で健全な職場や組織にしていくための、理論と手法のまとまりです。本書で「職場づくり」として紹介していく職場の活性化、従業員のモチベーションやワーク・エンゲージメントの向上も、組織開発に含まれます。人や職場の活性化をめざすマネジャーにとって、組織開発は必須の力です。ぜひ、本書を参考にして、人や職場の活性化について学び、実践をなさってみてください。

　ただし、職場づくりは、本に書いてあるノウハウをそのまま実行すればうまくいくという、魔法のような方法ではありません。武道や茶道で

は「守破離（しゅはり）」という学ぶ過程があります。まずは型通りにやってみる（守）、次に型を応用し変えていく（破）、そして、型にとらわれずに自分らしい方法を発展させていく（離）、という過程です。まずは実践してみて、その経験から学び、関わり方や働きかけ方を変えていくことが重要です。そして、実践の経験から学ぶことが、マネジャーにとっての自己成長につながっていきます。

　本書では、第Ⅰ章と第Ⅱ章が基礎編、第Ⅲ〜Ⅴ章が実践編、という構成になっています。

　基礎編では、第Ⅰ章ではマネジメントやマネジャーの役割の基礎的な考え方について、第Ⅱ章では職場づくりで鍵となる基礎知識について解説しています。Ⅲ章以降の実践編では、第Ⅲ章で部下との1対1の関わりを通した職場づくりについて、第Ⅳ章でチームや職場レベルでの関わりに働きかける職場づくりについて、第Ⅴ章でマネジャーの自己成長について紹介しています。

　また実践編では、基礎編で解説した基本知識を入れながら、実践のポイントを紹介しています。ぜひ、基礎編をお読みいただいてから、実践編を読んでください。

　組織開発の誕生に大きな貢献をした研究者クルト・レヴィンは、「よい理論ほど実践的だ」と語りました。基礎編では、実践的な理論だけを紹介しています。何かを実践しようとする際には、ものごとをどのように見るかという枠組みや見方が非常に重要です。基礎編で紹介しているキーコンセプトは、職場を見る枠組みとして役立ちます。

　また、各節の最後には「セルフ・リフレクション」として、自分自身について内省するためのチェック項目またはふりかえり項目が入っています。各節の内容についての理解をより深めるために、そして、日頃の自分自身をふりかえるために、「セルフ・リフレクション」をぜひ使ってみてください。

　「マネジャーであるあなたが変われば、チームや職場が変わる」

チームや職場が変わっていくために、まずは読者の皆さんから、さらなる自分自身の変化・成長に取り組んでみましょう。

　ところで、本書を読んだうえで、本書で紹介している手法やノウハウを実践しようとする際に、お願いしたいことがあります。職場づくりでは、人と人との関わりや人間関係という、目に見えなくて、抽象的・論理的ではなく、変わりやすいことに働きかけをしています。このような、人と人との関わりや人間関係について、本に書かれているノウハウをそのまま実施してもうまくいかないことがあります。

　たとえば、若かりし頃に、（男性はよく陥りがちかもしれませんが）異性と付き合い始めて、初めてのデートでいい時間になるように願って、本やインターネット上の恋愛マニュアルを参考にデートプランを考えて、当日実行する、ということはありませんでしたか？　本当は、どう過ごしたいのか、どんなふうに過ごすと楽しいのかを相手に聞いて対話すれば、どうしたらいい時間になるのかがわかるものです。しかし、人は初めてのことや慣れていないことをするときに不安になるので、情報を探して、そこで見つけた方法をそのまま実施しようとすることがあります。そして、うまくいかないと方法や情報源のせいにしたりします。大切なのは、実践した経験から学び、やり方や関わり方を修正して、自己成長につなげていくことです。そして、情報として得た既存の方法をそのまま実践するのではなく、職場のメンバーと直接対話して、いい職場を創っていくことです。恋人との関係が深まれば、恋愛マニュアルがいらなくなるように……。

　たとえが行き過ぎました。話を戻しますが、私はこれまで本などで組織開発の具体的なノウハウや手法を紹介することに消極的でした。組織開発の手法を講座で体験して、その意味を実感したうえで実施していただきたいと考えてきたからです。その一方で、現場での組織開発を自ら実践する経験からわかったこと、そして、現場で実施しようとする企業内の実践者の皆さんから教えていただいたことがあります。それは、現場のマネジャーが職場づくりに取り組むためには、まずはマネジャーが方法を知ることが必要で、方法を知らないとマネジャーが自分で対話の

場を創ることが難しいということです。そのため、ノウハウや手法は対話の場を創るためのヒントとしてお伝えした方がよいと考えるようになりました。本書には、職場のメンバーと対話をするための考え方と方法を、実践のためのヒントとしてたくさん掲載しました。実践してみて、対話を通して部下をさらに理解し、実践経験から学び、対話の力を高めて、自分なりのやり方を身に付けてさらに実践していただけることを願っています。その積み重ねによって、日本の中に活き活きと働ける職場が増えていくことを願いながら。

第 I 章　マネジャーであるあなたは時代の分岐点にいる

第 II 章　職場づくりのための基礎知識

第Ⅲ章 部下との1対1の関わり

第IV章 チームや職場レベルの関わり

第V章 マネジャーの自己成長

第 I 章

マネジャーであるあなたは
時代の分岐点にいる

I-1 | マネジメントは管理じゃない

　本書は、グループリーダー（チームリーダー）、課長、部長などの役職を担っている方々を読者として想定しています。グループリーダー、課長、部長は、役員や部門長（事業部長や工場長）と現場の社員との間をつなぐ、ミドルマネジャー（いわゆる中間管理職）です。一般社員が働く現場である、職場をマネジメントすることが、グループリーダーや課長（場合によっては部長）の役割となります。

　では、職場のマネジメントとは何でしょうか？　マネジャーは管理職と呼ばれるので、マネジャーが管理する人だと思っていませんか？　マネジメントとは「対処する」こと。職場の目標を達成することに向けて、職場で起こるさまざまなことに対処していくことがマネジメントです。マネジャーが対処することはたくさんありますが、まずはシンプルに整理をしていきましょう。チームやリーダーシップに関する、これまでの研究の多くが、チームをマネジメントするための軸や要因として、ある共通した2つの側面を見出してきました。それは、課題の達成に関する軸（＝仕事の側面）と、人や関係性に関する軸（＝人の側面）です。

　あなたがマネジャーとして、仕事の側面と人の側面にどのように対処しているかを考えていきましょう。職場やチームで起こっていることに対処するためには、まずは職場やチームがどのような状態なのかに関心を向け、現状に気づくことが必要です。つまり、マネジメントの第一歩は、関心を向けることです。「マネジリアル・グリッド」という古典的な理論では、「業績への関心」と「人への関心」の度合いによって、マネジャーをタイプ分けました。図表1-1を参照の上、セルフチェックしてみてください。

　横軸にはマネジャーが業績に対してどれくらい関心をもっているかを9段階で示し、縦軸にはマネジャーが人に対してどれくらい関心をもっているかを9段階で示すようになっています。9×9＝81の枠がありますが、主なタイプとして5つが示されています。

図表1-1 セルフチェック①「自分自身のマネジメント・スタイルに目を向ける」

実習「マネジリアル・グリッド」

あなたが日頃から関心を向けていることについて、当てはまる□にチェックをしてください。

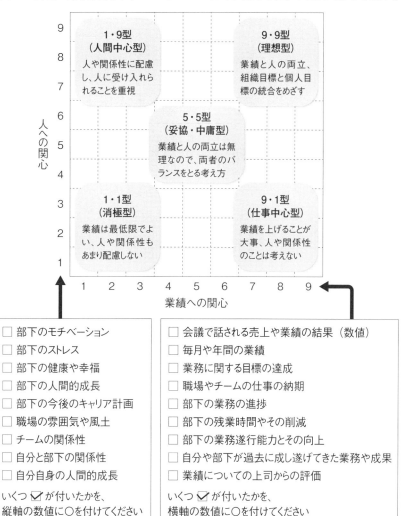

1・9型（人間中心型）
人や関係性に配慮し、人に受け入れられることを重視

9・9型（理想型）
業績と人の両立、組織目標と個人目標の統合をめざす

5・5型（妥協・中庸型）
業績と人の両立は無理なので、両者のバランスをとる考え方

1・1型（消極型）
業績は最低限でよい、人や関係性もあまり配慮しない

9・1型（仕事中心型）
業績を上げることが大事、人や関係性のことは考えない

縦軸：人への関心　横軸：業績への関心

□ 部下のモチベーション
□ 部下のストレス
□ 部下の健康や幸福
□ 部下の人間的成長
□ 部下の今後のキャリア計画
□ 職場の雰囲気や風土
□ チームの関係性
□ 自分と部下の関係性
□ 自分自身の人間的成長

いくつ ☑ が付いたかを、縦軸の数値に〇を付けてください

□ 会議で話される売上や業績の結果（数値）
□ 毎月や年間の業績
□ 業務に関する目標の達成
□ 職場やチームの仕事の納期
□ 部下の業務の進捗
□ 部下の残業時間やその削減
□ 部下の業務遂行能力とその向上
□ 自分や部下が過去に成し遂げてきた業務や成果
□ 業績についての上司からの評価

いくつ ☑ が付いたかを、横軸の数値に〇を付けてください

あなたは、グリッド上で、どのタイプに近いですか？　今後どうなっていきたいですか？

このチェックリストは、本書のために筆者が独自に作成したものであり、研究を経て信頼性や妥当性が確認されたものではありません。セルフチェックのためにご利用ください。

「マネジリアル・グリッド」の開発者、ブレイクとムートン（1972）は、「9・9型」が理想的だとしました。「1・1型」は何もしない「消極型」で事なかれ主義のタイプ。「1・9型」は人間関係を重視して部下に配慮しますが、仕事に関して部下に強く言えない「人間中心型」です。逆に「9・1型」は業績至上主義で人間関係や部下の状態に配慮しない「仕事中心型」なので、部下にとってはストレスフルな場合もあります。「5・5型」（妥協・中庸型）はバランスを取りますが、無理をせずにほどほどの対処をしていくため、業績や職場の状態に変化は起きにくいと考えられます。

セルフ・リフレクション

・図表1−1のチェック結果から、あなた自身のタイプは何型といえますか？

COLUMN 1

ドラッカーによるマネジメントの5つの仕事

　「マネジメントの父」と呼ばれるドラッカーは、著書『マネジメント』（ドラッカー, 1974）の中で、マネジメントの5つの仕事を挙げています。①目標を設定する、②組織する、③チームをつくる、④評価する、⑤自らを含めて人材を育成する、です。この5つの仕事を図表1-2にまとめました。マネジャーは成果を出すことを会社に求められますが、部下に指示をして、「成果を出せ」と命令することだけがマネジャーの仕事ではないのです。成果を出すために対処する必要があることとして、目標の設定と浸透、業務の分け方や進め方、部下の動機づけ、部下の評価、人材育成など、さまざまな側面があることをドラッカーは指摘しています。

ドラッカーが挙げた5つの仕事について、「マネジリアル・グリッド」でいう「業績への関心」と「人への関心」を当てはめてみました（図表1-2の右の欄です）。彼が挙げた仕事の多くに、「人への関心」が必要とされています。「業績への関心」優位のマネジメント観（9・1型）ではなく、「人への関心」も高まった9・9型が理想であることが、ドラッカーの指摘からも裏付けされています。

図表1-2 ドラッカーによるマネジメントの5つの仕事

5つの仕事	具体的な内容 （ドラッカー, 1974を参考）	マネジリアル・グリッド
目標を設定する	目標領域を決め、それぞれについて到達地点を決める。 コミュニケーションによって、それらの目標を意味あるものにする。	業績への関心 人への関心
組織する	活動、決定、関係を分析し、仕事を分類する。仕事を活動に分割し、作業に分割する。活動と作業を組織構造にまとめる。 活動のマネジメントを行うべき者を選ぶ。	業績への関心 人への関心
チームをつくる	動機づけを行い、コミュニケーションをはかる。	人への関心
評価する	評価のための尺度を定める。 部下の全員がその尺度をもつようにする。	業績への関心 人への関心
自らを含めて人材を育成する	人と働くことは人の成長に関わりをもつということ。	人への関心

時代によって求められるマネジャー像が変化している

職場やチームのマネジメントには、大別すると2つの側面（「仕事の側面」と「人の側面」）があり、マネジャーは業績への関心と人への関心の度合いでタイプが分かれることを検討してきました。

次に、マネジャーが関心を向けてきた側面が、時代によって変化してきたことを考えていきましょう（図表1-3をご覧ください）。

1970～80年代の日本は高度経済成長期で、「働き蜂」と称されたように、勤勉に仕事をこなし、マネジャーの業績に対する関心も高い状態でした。人に対する関心についても高い状態であったと考えられます。社内の運動会や社員旅行など、会社は社員の関係づくりに投資し、社員も一生関わることになる先輩社員や同僚との関係性を重視していました。改善活動やQCサークルなどの小集団活動を通して、同僚と協働する機会が多く、チーム力が日本企業の強みでした。さらに、人を育てること

図表1-3 時代の変遷と日本企業での主な傾向、マネジャーの主要なタイプの変化

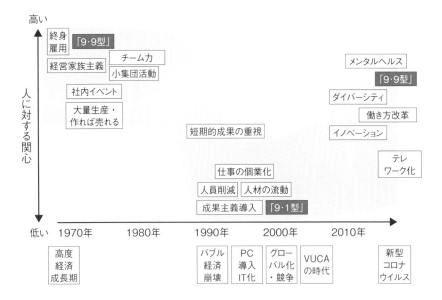

が長期的な会社の繁栄につながると社員が考えていたため、人を育てる風土が社内にありました。すなわち、1970〜80年代のマネジャーは「9・9型」（理想型）が会社から望まれ、ある程度の割合のマネジャーが「9・9型」であったと考えられます。ちなみに、1970〜80年代を経験した方々が現在会社に残っているかどうかを考えてみましょう。1970年代前半の入社は、既に多くの方が退職している団塊の世代です。1980年前半の入社が現在の60代前半です。つまり、1970〜80年代を知る社員は、今や会社の中で少数派になりつつあります。

　ところが、この傾向は1980年代後半のバブル経済と1990年代以降のバブル経済崩壊によって変化していきます。特に、バブル経済崩壊以降、悪化する業績を立て直すために、会社はマネジャーに対して短期的成果を求めるようになっていきました。また、人員削減により、業務が忙しくなり、人材育成に時間や人員を充てる余裕がなくなっていきました。仕事の仕方は、PCの導入とIT化も相まって、1人ひとりが自分に割り当てられた業務を遂行する個業化が進みました。マネジャーの役割は、仕事を部下に割り振ることと、そして、成果主義の導入によって部下の成果を管理し評価することが中心になっていきました。マネジャー自身の成果も評価されるため、必然的に業績に関心が向き、人への関心が薄れていったと考えられます。すなわち、1990年代のバブル経済崩壊以降のマネジャーは「9・1型」（仕事中心型）が多くなり、会社からも「仕事中心型」が求められたと考えられます。

　ちなみに、バブル経済崩壊の始まりを1991年とすると、その年に大卒で入社した人は、2021年の時点で52歳です。つまり、現在の50代以下は、「仕事中心型」の業績を重視するマネジャーから指示命令を受けて、会社の中で生きてきた人たちといえます。私たちは自分のマネジャーをモデルとして、マネジャーのありようを学びます。現時点（2021年時点）での40〜50代のマネジャーは、就職氷河期の厳しい競争を乗り越えて入社し、バブル経済崩壊後の業績の立て直しのために成果を上げることを求められ、成果によって評価され昇格した人たち、つまり、厳しさに耐えて頑張ってきた人たちです。そして、「仕事中心型」

で指示命令をするマネジメントを現在もしているなら、かつて頑張って
きた自らの成功体験によって、その後の時代の変化に取り残されたマネ
ジャーである、ともいえます。

　2000年以降、悪化した業績から回復した日本企業は、アジア諸国や
BRICS新興国も含めたグローバルな競争に挑むことになります。もは
や、大量生産に向けた指示命令型マネジメントでは通用しなくなり、新
しい発想からのイノベーションを生み出すためのマネジメントが必要だ
と言われるようになりました。「9・1型」の仕事中心型は、マネジャー
自身の過去の経験に基づいた業務理解と適切な判断が前提となっていま
した。しかし、技術革新が速い現在においては、マネジャーよりも担当
者の方が業務を理解していて、新しい発想のもとでイノベーションを創
出できる可能性は部下の方が高いことも多々あります。そして、個業化
のもとではイノベーションを生み出すことが難しく、チームでの対話を
通して新しい発想を創出することが必要となります。このような状況で
は、個を活かし、チームでの対話や問題解決を促進することがマネ
ジャーの役割となります（図表1-4の右のタイプ）。このように、技術
革新が速く、イノベーションが求められる現代では、個とチームの活性
化を促進するために人にも関心を向ける「9・9型」のマネジャーが必要
とされています。

図表1-4 マネジャーの関わり方の３つのタイプ

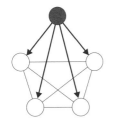

マネジャーは指示・命令・
監督
みんなで開発や品質の問
題を解決

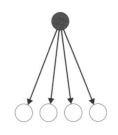

マネジャーは仕事を個人に
割り振る
部下が割り振られた仕事を
こなす

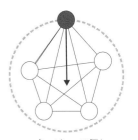

マネージャーは個と
チームの活性化を促進

テレワークでのマネジャーは対処にバラつき？

　テレワークでは、マネジャーと部下が同じ場所で仕事をしないため、マネジャーは部下の様子を把握することが難しくなります。部下が離れた場所で仕事をしていると、マネジャーによっては、部下に対する「人への関心」が向きにくくなります。つまり、マネジャーの関心の向け方の違いにより、テレワークにおけるマネジャーの行動の違いがさらに顕著に表れやすくなると考えられます。

　たとえば、アデコが2020年7月にテレワークをした管理職300人に行った調査結果（アデコ株式会社, 2020）によると、テレワークを実施しての課題だと感じることで、「部下とのコミュニケーション不足」31.3%、「部下の心身の健康の変化が気づきにくい」31.3%、「部下の仕事ぶりがわからない」22.3%、「部下がサボっていないか気になる」14.3%という結果でした。この結果を「マネジリアル・グリッド」のタイプから解釈すると、人への関心が高いマネジャーは「部下の心身の健康の変化が気づきにくい」と回答し、逆に業績への関心が高いマネジャーはそのように回答しなかったと考えられます。また、業績への関心が高い「9・1型」（仕事中心型）のマネジャーは「部下がサボっていないか気になる」と回答したと推測できます。

　つまり、「9・1型」（仕事中心型）は業績を出すために、テレワークにおいて部下がサボらないようにさらにコントロールを強めることが示唆されます。「1・1型」（消極型）はより放任で部下に仕事を任せる姿勢になり、「1・9型」（人間中心型）は人としての部下をより配慮して雑談などをこころがける可能性があります。「9・9型」（理想型）は、業務の進捗と部下の心身の状態の両方に関心を向けながら、部下とコミュニケーションを取ろうとすると考えられます。

以上のように、テレワークではマネジャーのタイプがより顕著に表れ、マネジャーが職場の問題にどのように対処していくか、部下に対してどのように関わるかについて、マネジャー間のバラつきがさらに増す可能性があります。

セルフ・リフレクション

・あなたの入社時期の社会的背景や会社の状態、入社後に出会った
　上司から、あなたはどのような影響を受けていますか？（特に、
　あなたのマネジメント観に、どのような影響がありましたか？）

I-3 | 今の時代のマネジャーは大変

時代の移り変わりと、その時代での主流となったマネジャーのタイプについて検討してきました。ここからは、今の時代を生きるマネジャーにとって、以前の時代には起こっていなかった、対処が難しい課題について考えていきます。

対処が難しい課題は、あることと別のこととが相矛盾して、簡単に解決策が見出せないときに直面します（図表1-5に例示）。

たとえば、自分がマネジャーをしている課で、業務量が増えていて、残業が認められているなら、対処は難しくありません。残業をしてもよいと考えている部下に残業をしてもらえば解決できます。ところが、今多くのマネジャーが直面しているのは、業務量が増えているにも関わらず、働き方改革の影響で残業が認められないという、相矛盾した状態の間で起こっている課題に対処していかなければならない難しさでしょう。

以前の職場は、相矛盾した状態の間で起こる課題に対処することが、今よりも少なかったと考えられます。たとえば、チームや職場のメンバー構成について考えていきましょう。以前は、「会社人間」の男性正社員という、同質性が高いメンバーでチームや職場が構成されていまし

図表1-5 マネジメントの課題は相矛盾したことの間で起こる

・業務量の増加　と　残業時間の削減　の間で
・業績の向上　と　人や関係性の健全性　との間で
・上からの短期的成果の要求　と　すぐに成果として表れない学習・人材育成・開発　の間で
・世代や経験が異なる社員（新入社員、若手社員、中堅社員、ベテラン社員（年上部下））　と　マネジャー自身　の間で
・正社員　と　有期雇用社員（契約社員・派遣社員・パート社員）　の間で
・マネジャーとしての自分の思いやめざしたい方向性　と　部下の思いやニーズ　の間で
・管理統制や指示命令　と　部下の主体性や自律性の尊重　の間で

た。同質性が高いチームは、ある意味でマネジメントが楽です。部下と部下との間に違いがあまりないので、葛藤が起こることが少なく、誰かと誰かの間で対処すべき課題が起こることも少ないからです。

　ところが、今はダイバーシティの時代、多様なメンバーでチームや職場が構成されています。たとえば、性別、年齢（若手社員、中堅社員、年上部下）、子育て中の社員、性的指向や性自認、障がいをもった社員、派遣社員やパート社員など、働き方やニーズ、考え方や価値観に違いがある人びとが同じチームや職場の中で働いています。同質性が高いメンバーに比べて、多様なメンバーから構成されているチームや職場は、打ち解けるのに時間がかかります。若手社員が会議で発言をしない、年上部下が斜に構えている、派遣社員と正社員との間に心理的な壁がある、など、職場の中で気がかりを抱えているマネジャーも多いのではないでしょうか？　このように多様性のあるメンバーで職場が構成されているからこそ、「人への関心」を高めることがマネジャーに必要であり、くわえて、職場づくりに取り組むことが重要なのです。

　第Ⅲ章で改めて説明していきますが、メンバーの間に違いがある、多様性が高いメンバーで構成されたチームや職場は、打ち解けて自由に発言できるようになると、発想の豊かさから革新的なアイデアが生まれやすいとされています。つまり、多様性の豊かさはイノベーションの源なのです。多様なメンバーで構成された職場は、職場づくりに取り組まないとバラバラのままですが、職場づくりに成功すれば、創造的で革新的な仕事ができる可能性が高まります。

テレワークコラム

2 テレワークでのマネジメント課題

　マネジャーは以前よりも大変になってきましたが、テレワークは、ある意味、さらにマネジメント課題が増えたといえるかもしれません。特に、「まだらテレワーク」と呼ばれる、出社とテレワークの人が混在する状況では、テレワークをしている人と出社してい

る人の間で起こるマネジメント課題が生まれます。

「まだらテレワーク」という言葉は、パーソル総合研究所（2020a）による調査結果で使われた言葉です。新型コロナウイルスの影響でテレワークが増え始めた時期である、2020年3月に同社が行った調査結果で、テレワークを行う社員が2～3割程度の職場で、テレワークを行っている社員の不安感や孤独感が高いことが明らかになりました。また、出社している人が半数以下の場合に、出社者が不公平感を感じる、出社者に雑用がふられる傾向があると感じることも示されました。この結果から、テレワークと出社が混在する「まだらテレワーク」状態は注意が必要であることが示唆されています。つまり、テレワークをする人と出社する人の間で起こるマネジメント課題が生じていたといえます。

この問題に対して、さまざまなマネジメント対策があり得ると思われます。以下では、1つの打ち手として、チームを重視するサイバーエージェント社が全社的に実施した対策を紹介します。

サイバーエージェント社では2020年に、週2日（月曜日と木曜日）がテレワークで仕事をする「リモデイ」とするという運用がなされました。全員が出社する日は対面でのよさを活かし、「リモデイ」には全員がテレワークを行い、出社とテレワークが混在する状態を避けました。当時、8人以上の会議はオンラインで行うというルールも導入され、一部の人がオンラインで会議に参加する状態にならないようにする取り組みも行われたそうです。

出社している人とテレワークの人の「まだら」、会議への対面参加とオンライン参加の「まだら」に、どのように対処していくかは、テレワーク時代のマネジメント課題なのです。

・職場であなたは、何と何との間で、または、誰と誰との間で、相矛盾したこと（相異なること）に対処する必要がありますか？

・上に書いた事柄について、対処に面倒さを感じることもあるかと思います。もしそうだとしたら、あなたがどのように捉えると、その事柄への対処にモチベーションが上がりそうですか？

I-4 | 自分事の範囲が狭まっている

　かつてと現在で変わってきていると筆者が捉えているのは、社員が自分事と捉える範囲です。自分事だと捉え、当事者意識をもつ範囲が狭くなってきているという仮説について、以下で筆者なりの説明をしていきます。

　1人ですべてを行うことができる仕事は少なく、私たちは、他者とともに仕事をしています。仕事などの何かがなされるときの場（役割や守備範囲）として、「私がすること」、「あなたがすること」、「私たちがすること」の3つがあります。「私たちがすること」は "we feeling"（われわれ意識）と同じような意味です。「私たちがすること」がないのが個業、「私たちがすること」が増えるほど協働の程度が高まります。

　さて、ここで「自分事」という概念をくわえていきます。「自分事」とは、私が関与することであり、達成に向けて責任をもつ範囲です。「当事者意識」も同じような意味です。図表1-6では、「私がすること」と「私たちがすること」が「自分事」の範囲になります。

図表1-6　何かがなされる3つの場所

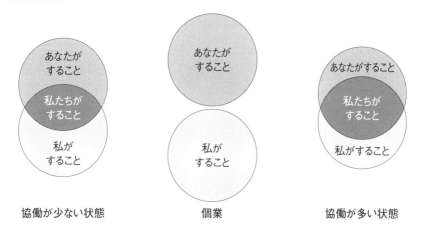

| 協働が少ない状態 | 個業 | 協働が多い状態 |

注）自分事＝私がすること＋私たちがすること

チームで仕事をする際には、図表1-7にあるように、お互いの間にある業務の「隙間」が生まれます。仕事を割り振る際に誰にも振り分けられなかったタスクや、業務が進むと見えてくる、お互いの間で調整が必要なことや、新しく発生するタスクが「隙間」に該当します。このような「隙間」の仕事を誰も取りにいかないということが、皆さんの周りにも起こっていることでしょう。本来はチームで行う業務全体（図表1-7の外側の円）について「私たちがすること」と自分事化されていたら、お互いに相補い合いながら「隙間」の仕事を担おうとします。しかし、「私がすること」の範囲についてのみ自分事だと捉えている場合は、「隙間」の仕事を誰も取りにいこうとしません。その結果、マネジャーが「隙間」の仕事を誰かに割り当てることになります。これが繰り返されると「われわれ意識」は育まれません。

　次に、図表1-8をご覧ください。図表1-8では、自分事の範囲として、自分の目標やニーズ、自分の人生や家族、自分のプライベートとともに、自分の業務を含めています。人は自分の目標ややりたいこと、自分の人生や家族、自分のプライベートライフに関与し責任をもっていますので、それらはどんな人にとっても自分事です（自分の人生の当事者としての意識をもっています）。そして、自分に割り当てられた業務について（その程度の差はありながらも）自分事だと感じていることで

図表1-7 チームで仕事をする際の隙間

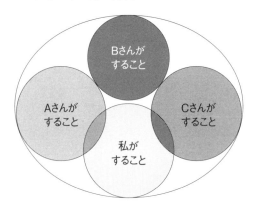

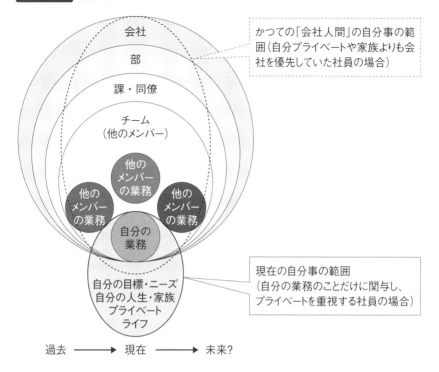

図表1-8 自分事（当事者意識）のレベル

かつての「会社人間」の自分事の範囲（自分プライベートや家族よりも会社を優先していた社員の場合）

会社

部

課・同僚

チーム（他のメンバー）

他のメンバーの業務

他のメンバーの業務

他のメンバーの業務

自分の業務

自分の目標・ニーズ
自分の人生・家族
プライベート
ライフ

現在の自分事の範囲（自分の業務のことだけに関与し、プライベートを重視する社員の場合）

過去 ⟶ 現在 ⟶ 未来?

しょう。この「自分事」の範囲が時代によって変わってきていると筆者は考えています。

「会社人間」が多かった1980年代までは、会社をよくすることを「私たちがすること」と捉え、会社のレベルも自分事化していた社員が多かったと推測されます。つまり、自分事として捉えていた範囲が広かったのです（図表1-8の点線の楕円）。そのため、チームや課の同僚の業務にも「私たちがすること」として口を出し、部や会社の問題を自分事として捉えました。このように自分事が広い範囲の場合は、チームや職場、会社の問題を自分たちで改善していこうというモチベーションも高かったと考えられます。

現在のように、個業化している状態では、自分事の範囲が狭くなっていると考えられます。自分の業務は自分事となっていても、他のメン

バーの業務やチームで起こっていることは自分事の範囲外と感じる社員も多いことでしょう。自分事の範囲が図表1-8の「現在の自分事の範囲」の円のように狭い状態で、このような状態の場合に選択できる道は2つです。1つめは、個業化を推し進め、個人に対する成果主義を徹底して、外発的動機づけによって社員1人ひとりの成果を高めようとする、個人戦を強化するアプローチです。他社との競争が激しい中で、団体戦を行うことができる風土を育もうとするのではなく、個人戦によって生き残ることを会社が選ぶなら、個人に対する外発的動機づけのアプローチは1つの道です。しかし、チーム力の低下、人材育成がなされない、優秀な人材の流出、などのリスクがあります。

　もう1つの道は、自分事の範囲が広がることをめざして、団体戦が可能となる協働の風土を醸成していくアプローチです。本書はこちらの立場が重要であるという前提のもとで書かれています。他のメンバーやチーム、課や部、会社全体に対して自分事化の範囲を広げていくことをめざして、まずはチームや職場の中での「私たちがすること」の範囲を増やしていくことで協働性を高めていきます。カギとなるのは、共通の目的の達成に向けて共同で責任を担うことです。「人は同じ方向を向かなければ、バラバラになる生きもの」です。「私がすること」と「あなたがすること」の間に「私たちがすること」が増えて協働性が高まるためには、同じ方向を向くこと、つまり、共通の目的や目標が必要なのです。協働関係についてはⅡ-3で、職場での具体的な取り組みの方法についてはⅢ-3で解説していきます。

　それでは次に、話題が変わりますが、職場で起こる問題や課題を捉えていくことに有効な理論を検討していきましょう。これまで見てきたような、多様性、自分事、協働関係など、職場の中の人間的側面で起こる課題に対処するための、マネジャーやリーダーにとって必須の理論です。

あなたと部下との間での、「部下がすること」、「私がすること」、共通の目的、「私たちがすること」に目を向けていきます。部下との間で最近起こった、自分の期待通りに部下が動いてくれなかった業務や出来事を1つ、思い起こしてください。

・その業務（出来事）について、あなたが伝えた「部下がすること」は何でしたか？（＝「あなたがすること」）

・その業務（出来事）について、あなた自身がしたことは何でしたか？（＝「私がすること」）

・その業務（出来事）について、ともに達成をめざすのは、どのような状態ですか？

・ともに達成をめざす状態に至るために、部下がさらに何を行い、それをあなたがどのように支援し補完することが可能ですか？（＝「私たちがすること」）

I-5 マネジャーが解決策を判断すべき問題とそうではない課題

　マネジャーが対処していく必要がある問題や課題は、毎日のように起こることでしょう。マネジャーであるあなたは、そのような問題に対してどのように対処するかを判断する毎日かもしれません。場合によっては、判断を上司に委ねることもあるでしょう。ところで、マネジャーは問題に対してどのように対処するかを判断していると書きましたが、判断するのがマネジャーの仕事であり、役割なのでしょうか？　このことについて、リーダーシップの研究者であるハイフェッツは、問題には2つの側面があり、一方はマネジャーが判断すべき問題、もう一方はマネジャーがすぐに判断しない方がよい、と主張しています。ハイフェッツの考え方について以下で検討していきましょう。

　ハイフェッツは、世の中で起こる問題には、「技術的問題」と「適応課題」があると主張しました。「技術的問題」とは、すでに解決のためのノウハウや手順があるもので、既存の知識で実行が可能なものです。たとえば、機械の故障、技術的な開発、スキルを会得すればできるようになること、などが「技術的問題」だと考えられます。ハイフェッツは、技術的問題の中には煩雑なものもあることを指摘しています（彼は、心臓弁の置換をする心臓手術を例として挙げています）。

　一方の「適応課題」とは、当事者にとってその状況に適応するチャレンジが必要なもので、自分たちの思考様式や価値観、行動を変えていく必要があるものとしています。新型コロナウイルスの感染拡大は、人と人とが対面で会えないという新たな状況に対して、私たちの考え方や行動を変えることで適応をした、まさに「適応課題」だったといえます。たとえば、お客さんに直接会いに行って営業する、名刺交換をする、対面で研修を実施する、などの従来行ってきたことを、対面ではない形で行っていこうとした際に、私たちはその状況に適応するために考え方や行動を変え、これまでとは違うやり方を学んできました。つまり、目の前の課題に適応するために、自分自身が学び、変わろうとすることが必

要なものが「適応課題」です（図表1-9を参照）。

　ここまで読んでいただいて、読者の中には、営業や研修をオンラインで行うのに、オンライン会議のツールやアプリを使っていて、それは既存のノウハウだから、「技術的問題」だったのではないか？　と思う方もいらっしゃるかもしれません。その通りです。たとえば、新型コロナウイルスの影響で、対面で実施してきた研修をどのようにオンラインで実施するかという問題には、「技術的問題」かつ「適応課題」の両方が絡み合っています。ハイフェッツは、ほとんどの問題が両方の要素が混ざった状態で現れると述べています。

　さて、ここからが、ハイフェッツが世界のリーダーやマネジャーに理解してほしいと強調している点です。彼の指摘は、責任ある立場の人が「適応課題」を「技術的問題」のように扱って解決をしようとすると失敗してしまう、というものでした。つまり、「適応課題」に対しては、本来は問題を抱えている人たちがどのように対処したらよいかについて対話をして、問題への対処について学習し、自分たちの考え方や行動が変わることを通して、問題となった状況に適応していく必要があります。しかし、すでにあるノウハウを素早く取り入れることで「適応課題」を解決しようとすることが失敗の元だという訳です。

　なぜ失敗するのか、それは多くの人が難しい課題に直面すると、権限をもつ人が手っ取り早く解決をしてくれるだろうと期待するからだとハ

図表1-9 技術的問題と適応課題の違い

	技術的問題	適応課題
取り組む内容	今あるノウハウを使う	新たな方法を学ぶ
取り組む人	権限をもっている人	問題を抱えている人
取り組む方法	既存のノウハウをもつ人によって解決できる	関連する人々との対話を通した探究と学習が必要
問題の所在	問題は自分の外側	自分が問題の一部

ハイフェッツ・リンスキー, 2018 p第1章の表を参考に新たに筆者が作成

イフェッツは指摘しています。

　たとえば、現場での業務量が増えて、納期が遅れてしまうことが続いていたとします。この場合、「適応課題」の要素としては、従来のやり方を変える必要があり、納期に対する考え方も変わらなければなりません。本来は、自分たちの考え方や行動の「適応課題」に対処するためには、自分たちで解決策を探究し、その過程から学習することが必要です。しかし、権限をもつマネジャーがこの「適応課題」に対して、問題を解決するために他の部門で行っているノウハウを入れたとします（「技術的問題」の解決策）。すると、現場は自分たちの考え方や行動の「適応課題」に向き合うことなく、マネジャーから答えを手にして実行し、その解決法がうまくいかなかったらマネジャーのせいにすることでしょう（問題の自分事化はいつまでたっても起きません）。「適応課題」に対するマネジャーの対処は、解決に向けたコントロールを手放して、自分が正解だと考える解決策を与えようとするのではなく、現場の部下とともに対話を通して問題が何であるかを探究し、現場の部下も自分自身も学ぼうとすることです。

　マネジャーには、「技術的問題」と「適応課題」を見極める力が必要とされます。そのポイントの1つは、先に述べた、「マネジメントの課題は相矛盾したことの間で起こる」という点です。目の前の課題は何かと何かの間で起こっていて、両方を同時に簡単には解決できないものの場合、それは自分たちで解決策を探究しがいがある「適応課題」です。そして、人や人間関係に関する複雑な問題の多くは「適応課題」です。職場づくりには、「適応課題」への対処が必要で、本書の後半で紹介しているノウハウやスキルをそのまま実施すること（「技術的問題」の解決策）ですべてがうまくいく、というものではありません。

3 テレワークにおける「技術的問題」と「適応課題」

　テレワークでオンライン会議を行う時、「技術的問題」と「適応課題」の両方が起こります。「技術的問題」としては、インターネット環境が不安定で回線が切れること、パソコンが不安定だったりマイクやカメラが使えないこと、アプリの使い方がわからない（使いこなせていない）こと、などです。一方の「適応課題」は、対面の会議で可能なことでオンラインでは不可能なことがあるため、自分たちの考え方や行動がオンラインでの会議にいかに適応するかというものです。たとえば、人と人との間で起こること。一例として、コミュニケーションのありよう、聞いているだけの人が多くなる、ビデオオフで表情が見えないために気持ちや納得感がわからない、ミュートをしているために反応がすぐにない、などです。

　ビデオオフやミュートについて、マネジャーは内心、メンバーがビデオオンで参加し、ミュートを外してどんどん反応してほしいと思っていても、それを言うと、嫌なことを強制するのでは、パワハラになるのではないか、と感じて、言い出せない場合もあるようです。または、ビデオオフで顔が見えず、ミュートになっているために一部のメンバーしか話さない状態を、やりにくさを感じながらもそのまま放置している場合もあるかもしれません。このような、マネジャーの中で起こっている気がかりややりにくさも、ビデオオンにしてほしいマネジャーとビデオオフ＆ミュートのままで参加しているメンバーとの間で起こっている、この状況にいかに適応をしていくかという（小さな）「適応課題」です。

　解決するためには、既存のノウハウを使う（たとえば、インターネットで検索して、オンライン会議を進めるための方法を探し、実践してみる）「技術的問題」の解決策を実践してみることもあり得ます。しかし、それは「適応課題」を「技術的問題」として解決しているようなものです。「適応課題」の解決には、本人同士が対話

を通して、何が課題か、どうすれば解決できるかを話し合い、そこから自分たちなりの方法を学ぶことが必要です。

　具体的には、以下のように進めていきます。まず、マネジャーがやりづらさを伝え、そのことについて対話をしたい旨を伝えます。次に、それぞれがビデオオフとミュート状態の会議をどのように見ていて、どのように感じているかを対話して、どこに問題があるのかを探究していきます。もしかしたら、メンバーはビデオオンにすることが抵抗はないけれど、多くの人がビデオオフだったので、自分もビデオオフにしていただけ、ということが対話を通してわかってくるかもしれません。となると、マネジャーは、強制するのではないかと不安で言い出せなかった自分の捉え方や行動にも課題があったことに気づきます。これが学習です。自分自身について、関わり方について気づき、その後行動を変えていくことも、大切な学習なのです（ちなみに心理学では、ものの見方や行動が変わることを「学習」と呼んでいます）。

セルフ・リフレクション

・あなたの職場で最近起こった問題で、「技術的問題」と「適応課題」を挙げてください。

・自分自身の経験、または、他の人の経験や見聞きしたことで、「適応課題」に対して「技術的問題」解決策を行った例を考えてください。その結果はどうなりましたか？

I-6 | これからのマネジャーに 期待されているのは？

マネジャーに期待される役割を一言で言い切ることはできません。それは、そのチームや職場が担う、仕事や業務によって異なるからです。

たとえば、電力や水道を提供する仕事や、鉄道をスケジュール通りに運行する仕事など、ミスが生じることで社会に大きく影響する仕事（社会インフラ＝社会や生活を支える基盤）の場合、マネジャーは部下がミスをしないように監督すること、そして、問題の兆候を部下が報告しやすいような関係を築くこと、などが役割です。

一方で、IT業界で新たなアプリを開発する仕事や、顧客に対して新しいサービスを考えて提供する仕事など、他社との競合で優位になるために創造的な発想やイノベーションが必要とされる仕事の場合、マネジャーは部下とチームの活性化を促進して新しい製品やサービス、価値を生成することが役割となります。

仕事がいくつかのタイプに分かれることについて、オーター他（2003）は「タスクモデル」を提唱しています。彼らは、仕事の内容がどれくらい定型的かで、ルーティン（定型的）とノンルーティン（非定型的）に分けました。また、分析的でやりとり的なタスクなのか、手仕事的なタスクなのかに分け、2×2の4タイプに分類しました（図表1-10参照）。

オーター他の研究は、どのようなタスクがコンピューターの進歩に影響を受けるかを分析するもので、1960年から1998年の間にルーティン（定型型）タスク（IとII）の割合が減少したこと、ノンルーティン（否定形）の分析的・やりとり的タスク（IV）の割合が上昇したことを示しました。

この「タスクモデル」の枠組みから捉えると、工場での製造などのルーティンで手仕事的タスク（【I】のタスク）は、ミスをなくすことが重要であり、マネジャーは指示命令と監督統制を行うことが必要です。また、定型的な事務作業などのルーティンで認知的なタスク（【II】

図表1-10 オーター他（2003）の「タスクモデル」
（図は筆者が作成、※部分を筆者が追記）

```
                        ノンルーティン（非定型的・創造的）タスク

【Ⅲ】    手作業                    仮説の設定・検証              【Ⅳ】
         トラック運転              医療の診断、法律の文書作成
         ※工場での不具合対応      営業販売、マネジメント
         ※介護                    ※技術開発、企画、教育

 手仕事的タスク                                        分析的・
                                                        やりとり的タスク
   （マニュアル）
                                                      （コグニティブ＝
         選定・並び替え            記録、計算              認知的）
         繰り返しの組み立て        繰り返しの顧客サービス
         ※清掃、工場での製造      （例：銀行窓口）
【Ⅰ】                              ※定型的な事務作業          【Ⅱ】

                        ルーティン（定型的）タスク
```

注）分析的：分析的思考力を要するタスク
　　やりとり的：他者との情報のやりとりや他者への説明・説得などの対人的コミュニケーションを要するタスク

のタスク）は、定型通りに業務が行われているかをチェックする、部下が業務を遂行する際の困難さやストレスを低減し、働きやすい職場環境にする、などの対処がマネジャーに必要とされます。

　ちなみに、これら【Ⅰ】や【Ⅱ】のルーティンの仕事は将来、AIやロボットに置き換わっていく可能性が高いとされています。つまり、マネジャーが部下に定型的な仕事の指示をしてその進捗を監督しサポートするというタイプのマネジャーの役割は今後なくなっていくといえます。

　本書を読まれている方の多くは、部下が【Ⅳ】のタイプの業務、つまり、ノンルーティンで創造的、かつ、分析的またはやりとり的なタスクに取り組む職場のマネジャーではないかと推測しています。部下が繰り返しの仕事ではなく、変化する業務に創造的に対応し、分析的な仕事に取り組んでいる場合、業務内容を部下がより把握していることがあり得ます。また、部下が他者とのコミュニケーションや協働が必要な業務を行っているなら、部下が主体的かつ即時的に判断する必要も生じます。

つまり、【Ⅳ】のタイプのタスクに取り組む職場では、部下の主体性や創造性を育み、部下の潜在力を発揮させる関わりがマネジャーに必要とされます。さらに、チームで協働しながら行うことが有効なタスク（たとえば、新しい製品やサービスの生成、企画の立案など）は、チームワークを育む働きかけがマネジャーに必要とされます。【Ⅳ】のタスクは「適応課題」であり、かつ、他者との関わりにも「適応課題」が多いため、【Ⅳ】のノンルーティンで分析的・やりとり的なタスクに取り組む職場のマネジャーは「適応課題」に対処することが多くなります。つまり、チームや職場が担う仕事が異なると、マネジャーが対処する課題や、マネジャーに求められる役割も異なってくるといえます。

さらに重要なのは、会社がマネジャーにどのような役割を求めているか、という点です。会社がマネジャーに対して役割や責任をどれくらい明示しているか（＝マネジャーの役割の定義をどれくらい明示して浸透しているか）は会社によって異なります。①マネジャーの役割を明示して、その役割をマネジャーが意識し、行動するようにトップまたは人事が働きかけている会社、②職務記述書にはマネジャーの役割や責任が書いてあるのですが、実際にはマネジャーはあまり意識していない会社、③職務記述書にも明示されておらず、マネジャーが自らの役割を自分なりに考えて（定義して）行動している会社、があります。

②や③の場合は、マネジャーは自論（持論）によってマネジメントをするため、マネジャーの関わり方や考え方はバラバラになります。実は、マネジャーによって方針や関わり方が違うのは、部下にとっては大変なことで、いろいろな問題が起こります。たとえば、課長と部長のマネジメント観や方針が違っていて、部下の主体性を重んじる課長からは了承を得たのに、業績を優先する部長からは承認されない、といったことが起こります。また、上司であるマネジャーが異動で変わると、方針や関わり方が変わり、現場が混乱することになります。つまり、①会社がマネジャーに求める役割を明示して浸透することは、現場にとって非常に重要なのです。

上記の①、つまり、会社がマネジャーの役割を明示してその浸透に取

り組んだ例として、ヤフー株式会社での2012年からの経営改革の際に行われたことを見ていきましょう。ヤフーでは、社員の「才能と情熱を解き放つ」というコンセプトのもと、マネジャーの役割は部下の経験学習を促進することだと定義されました。そして、部下の「才能と情熱を解き放つ」ことに向けた経験学習の場として1on1ミーティング（第Ⅱ章で詳しくご紹介します）が推進されました。当時ヤフーでは、「才能と情熱を解き放つ」というフレーズを社長が何度も社員に発信したそうです。

　会社が求めるマネジャーの役割を明示（定義）し、それを浸透させていき、マネジャーにとっての日頃の判断や行動の軸になっていくことが、会社全体をよくしていくために重要な取り組みの1つです。読者の皆さんの会社では、マネジャーの役割が明示されていて、その役割は浸透しているでしょうか？

　では、本書でこれから検討していく、これからのマネジャーに求められる役割について簡単に述べていきます。この章で紹介してきたように、これからの時代は、①チームや職場のメンバーの多様性がさらに増していく、②働く場所や時間がさらにバラバラになっていく、③個業化により自分事の範囲が狭くなって協働が難しくなっていく、④競合他社との競争によって、新しい価値または独自の価値を提供することが必要になっていく、⑤ノンルーティンのタスクで経験則が使えない事態に創造的に対処することが増えていく、と考えられます。①や②は、チームや職場に対する遠心力がさらに増すことになります。一方、④や⑤は個人の力で対応するのには限界があり、チームや職場のメンバーで対話を通して解決し対処していくことが必要になります。つまり、遠心力が大きくなる一方で、メンバーとともに協働する関係を築くことが重要になっていくでしょう。

　先に述べたように、携わっている仕事によって必要とされるマネジメントも異なるという前提のうえで、本書では、今後求められるマネジャーには図表1-11に示したシフトが必要となることを主張します。

　図表1-11で示した、今後求められるマネジャー像を一言で表すと、

「チームや職場を見守り、エンパワーし、自らも学ぶ人」です。エンパワーとは、力（パワー）を与える、という意味です。個人やチームの活性化に向けて働きかけ、部下の内発的動機づけを高め、職場の活力を高めます。そして、図表1-11に示したような、さまざまな側面への対処ができるようになるためには、マネジャー自身の自己成長が重要で、マネジャー自身が経験から学ぶことが鍵となります。第Ⅱ章以降では、図表1-11のマネジャー像を前提に、マネジャーが職場づくりに取り組む際の考え方やスキルを紹介していきます。

図表1-11 マネジャーに今後求められるシフト（変化）

	これまで	今後
マネジリアル・グリッド	「9・1型」から	「9・9型」へ
ハイフェッツの理論	「技術的問題」に取り組む権限をもつ人から	「適応課題」にも部下とともに取り組み、自らも変化・学習する人へ
マネジャーの責任	短期的な業績への責任から	複数の側面（短期的な業績、メンバーをつなぐ、個人や職場の活性化、長期的な人材育成など）に目を配り支援する責任へ
部下への関わり方	指示・命令・監視・監督から（指示命令型）	支援・促進・ともに探究へ（エンパワー型）
同期型／非同期型コミュニケーション[注)	対面での同期型コミュニケーションとメールでの非同期コミュニケーションによる関わりから	対面とリモートでの同期型／非同期型コミュニケーションによる関わりへ
フィードバック（Ⅱ-2参照）	フィードバックを部下にする人から	相互フィードバック（部下からもらい、部下にする）へ

注：同期型コミュニケーションとは、信号（言葉や非言語の情報・サインなど）を同時に送受信するやりとり。対面、電話、ZOOMなどのオンライン会議ツールが該当します。非同期型コミュニケーションとは、同時に送受信をしないやりとりで、メール、書類の送付、議事録、LINEやSlackなどのツールが該当します。詳しくは、Ⅲ-1のテレワークコラム9で紹介していきます。

・あなたの会社が、あなたの立場（チームリーダー、課長、室長、
部長など）に求めている役割や責任はどのように定義されていま
すか？

・図表1-11に挙げられた、今後求められるマネジャー像の以下の
項目について、あなたが日頃からどれくらい意識しているか、日
頃からどれくらい実行しているかを、5段階でチェックしてみま
しょう。

今後求められるマネジャー像	どれくらい意識していますか？	どれくらい実行していますか？
「9・9型」へ	1-2-3-4-5	1-2-3-4-5
「適応課題」にも部下とともに取り組み、自らも変化・学習する人へ	1-2-3-4-5	1-2-3-4-5
複数の側面（短期的な業績、メンバーをつなぐ、個人や職場の活性化、長期的な人材育成など）に目を配り支援する責任へ	1-2-3-4-5	1-2-3-4-5
支援・促進・ともに探究へ（エンパワー型）	1-2-3-4-5	1-2-3-4-5
対面とリモートでの同期型／非同期型コミュニケーションによる関わりへ	1-2-3-4-5	1-2-3-4-5
相互フィードバック（部下からもらい、部下にする）へ	1-2-3-4-5	1-2-3-4-5

第 II 章

職場づくりのための
基礎知識

　第Ⅰ章では、今後のマネジャーに求められることについて、時代の変遷から検討するとともに、ハイフェッツの理論などから考えてきました。第Ⅱ章では、マネジャーが自分のチームや職場をよくしていく取り組みを行う際に、ぜひ理解しておいていただきたいキーコンセプト（鍵となる基本的な理論）についてご紹介していきます。

Ⅱ-1 | 人と人とが関わる際の２つの側面： コンテントとプロセス

　職場づくりの取り組みについて考えていくにあたり、本書で繰り返し用いていく言葉を紹介していきます。ちなみに、このコンセプトは、1対1の関わり、グループやチームでの関わり、グループ間や組織での関わりなど、さまざまなレベルで適用されるものです。

　営業部に所属する、上司であるマネジャーと部下が1対1で話している場面で、こんなやりとりがなされていました。

 マネジャー：今月の調子はどうだ？

 部下：ぼちぼちです。

 マネジャー：今月こそはノルマを達成してくれよ。

 部下：はい！

　この会話で、何が話されているか（what）が「コンテント」です。コンテントは、やりとりでの内容的な側面であり、会話をしている人たちが目を向けていて、明白な部分です。図表2-1の氷山図では、コンテントを氷として表しています。

　そして、このやりとりには、図表2-1に示した氷山の水面下で起こっていることがあります。それは、どのように（how）のレベルであり、「プロセス」と呼ばれています。読者の皆さんはプロセスと聞くと、業務の進め方や手順だと思うかもしれません。それもプロセスですが、本書ではもっと広い意味でのプロセス、つまり、人と人との間で起こっていること（＝ヒューマンプロセス）という意味で用いていきます。ちなみに、プロセスの語源であるラテン語の意味は「前に向かって動く」という意味です。つまり、プロセスという言葉には「動き」、「変化」という意味合いがあり、人と人との間で起こる動きや変化（＝影響）が、こ

図表 2-1 コンテントとプロセス

コンテント（what）

［やりとりの内容的側面］
何を話しているか、
聞いているか、
しているか?

プロセス（how）

［やりとりの関係的過程］
どのように話しているか、
聞いているか、関わって
いるか、お互いの間で
起こっていること

- ・どのようにコミュニケーションをしているか?
- ・どのような表情や動きをしているか?
- ・どのような雰囲気か?
- ・どのような気持ちか?
- ・どのような影響を与えているか?
- ・どのようなことが暗黙で起こっているか?

　　　　　　　　　　など

マネジャー：　　　　　　　　　（「ぼちぼちです」から今月は未達
　　　ノルマ達成してくれよ。　　　　成だと判断したが、強く言うと
　　　　　　　　　　　　　　　　　　部下が萎えるので、強く言わな
　　　　　　　　　　　　　　　　　　かった）

 部下：はい！　　　　　　　　　（ノルマが高すぎて達成は無理だ、
　　　　　　　　　　　　　　　　　　このマネジャーはノルマや売上
　　　　　　　　　　　　　　　　　　のことしか言わないな、と内心
　　　　　　　　　　　　　　　　　　思った）

　この例のように、コンテントとして話されていることに対して、水面
下でさまざまなことが起こっています。そして、目に見えにくい、水面
下で起こっているプロセスが、実際に結果に影響します。たとえば、上
のやりとりの例だと、部下は内心「ノルマが高すぎて達成は無理」と思っ
ているので、結果としてノルマを達成する可能性は低いかもしれません。
　この例でわかるように、私たちが話している内容（コンテント）以上
に、仕事上の結果や成果に影響するのが、言葉として表明されていな
い、水面下で起こってるプロセスです。マネジャーの皆さんも、自分は
言ったのに部下には腹落ちしない、部下の行動が変わらない、というこ
とに心当たりがあるかもしれません。自分が伝えていることが、部下に
腹落ちして、部下の行動が変わるためには、部下の中で起こっているプ
ロセスに着目し、働きかけることが必要です。氷山の水面上だけを見る
ように、自分が見聞きする部下の言葉や行動のみに目を向けるだけでは
なく、目に見えにくいことにも目を向けようとする姿勢が鍵となります。
　ちなみに、職場で起こっているプロセスに気づき、働きかけていくこ
とが、職場づくりの基本です。そして、それは組織開発の中核的な考え
方でもあります。組織開発の定義の1つが、「組織のプロセスに気づ
き、よくしていく取り組み」（中村, 2015, p.81）です。
　職場における組織開発が、本書で扱っている「職場づくり」です。そ
のため、職場づくりの最初の一歩は、"氷山の水面下"で起こっている

プロセスに目を向けることなのです。

 4 ## テレワークにおけるコンテントとプロセス

　私たち人間は、他の人が言う言葉の内容と、言い方や表情などの非言語のサインから、相手が言わんとすることを受け取っています。たとえば、相手が「私は怒っていない」と言いながら、怒った表情と言い方で伝えたら、あなたはどう感じますか？　言葉の内容である「怒ってない」という情報よりも、非言語のサインである怒った言い方や表情に、その人の本心が表れていると推測することでしょう。この例のように、私たちは言葉の内容からコンテントをキャッチし、言い方や表情などの非言語のサインや情報からプロセスを読み取ることがあります。

　テレワークでは、メールやチャットは文字情報だけで、非言語の情報がありません。電話やビデオオフのオンライン会議ツールは、言い方という非言語の情報がありますが、表情やうなずき、動作という非言語の情報がなくなります。これらは、プロセスに関する情報が対面に比べてかなり少なくなります。オンライン会議ツールで双方がビデオオンにしていると、表情やうなずきなどの非言語的なサインがかなりキャッチできますので、コンテントとプロセスの両方に目を向けることが可能になります。

　一方で、オンライン会議ツールで、相手がビデオオフかつミュート状態だと、相手の中で起こっているプロセス、そして、自分と相手の間で起こっているプロセスに関する情報が全くなくなります。この状況は、人間的なコミュニケーションとしてはかなり特殊な状況です。テレビやラジオで話す人か、全社員に向かってインターネット回線でメッセージを伝える社長しか体験しないような、相手の反応が見えずに一方向的に話さなければならない状況です。このような状況が続くと、話す人は受け手がどのように聞いているか、

第Ⅱ章

職場づくりのための基礎知識

自分と相手との間で何が起こっているのか、というプロセスを無視して話し続けることに慣れていくのかもしれません。送り手が伝える情報が受け手に同時に伝わる同期型コミュニケーションは、即時のやりとりができることがメリットですが、ビデオオフかつミュート状態に慣れていくと、同期型コミュニケーションのメリットが活かされない状態が当たり前になっていく可能性があります。

セルフ・リフレクション

・あなたの職場で最近あった出来事を取り上げて、同じ場面でのコンテントとプロセスの例を書いてください。

・コンテントとプロセス（の定義）を、自分なりの言葉で表してみてください。

・日頃の会議で、あなたはコンテントとプロセスにどれくらいの割合で目を向けていますか？　また、日頃の会議の中で、コンテントについて話されている時間、プロセスについて話されている時間は、どれくらいの割合ですか？

Ⅱ-2 | フィードバックは鏡（ジョハリの窓）

　先ほどのマネジャーと部下のやりとり（p.43）では、マネジャーである自分が部下にどのように影響し、自分が部下にどのように見えているかにマネジャーは気づいていません。会社の中では、昇進すればするほど、部下が自分に対してどのように感じているかを教えてくれないので、「裸の王様」状態になっていきます。

　自分が他の人に与えている影響や自分のことをどのように見ているかについて、他の人から情報をもらうことを、対人間の「フィードバック」と呼んでいます。会社では、フィードバックは上司から部下にするもの、と捉えられているかもしれません。そのために、上司はフィードバックをもらう機会があまりありません（上司は、自分の上司からフィードバックをもらうことはありますが……）。

　自分の顔や体型、服の着こなしは、鏡を見ることでわかります。鏡が自分にフィードバックを返してくれるので、自分のことに気づけます。仕事でも、他の人からのフィードバックは重要で、フィードバックをもらうことが少ない上司は、毎日鏡を見ずに過ごしているようなものです（自分の顔に何か付いていても、鏡を見ていないので気づかずに、他の人に陰で笑われているようなもので、まさに裸の王様です）。

　鏡は、他の人は気づいているけれど、自分自身が気づいていない自分について教えてくれます。対人間でも同じようなことが起こります。人と人との間で起こっていること（＝プロセス）に気づくことが、自分自身が気づいていない自分について理解することにつながることを図式化した理論があります。読者の皆さんも名前を聞いたことがあるかもしれません、「ジョハリの窓」という理論です（ラフト, 1963）。

　人と人が関わると、お互いの間に何らかのプロセスが起こります。先ほどのマネジャーと部下との間で起こったことを例に考えていきましょう。図表2-2の四角の中には、マネジャーと部下とのやりとりの内容や、そのやりとりで起こっていたプロセスが入ります。

図表2-2のマネジャーの四角を見てください。Ⅰの「開放」の領域
は、マネジャーである私も、他者である部下も気づいていることです。
マネジャーが「ノルマ達成してくれよ」と言ったことに対して、部下が
「はい！」と答えたことは、2人の間でオープンになっています。開放
領域は、お互いの間でオープンに共有されていることで、この領域が広
いほど、風通しがよく、お互いが防衛することなく、オープンに話し合
える関係だといえます。この例のマネジャーと部下との間の開放領域は
狭く、風通しがよいとはいえず、ギクシャクしています。ちなみに、「風
通しがよい職場」という表現がありますが、ジョハリの窓でいえば、メ
ンバー全員の窓の開放領域が広く、さまざまなプロセスが共有されてい
る状態です。

　Ⅱの「盲点」の領域は、他者（部下）は気づいているけれど、私（マ
ネジャー）は気づいていないプロセスです。上司や権限をもつ人、経営
層は、この盲点の領域が広いと考えられます（盲点の領域が広いほど、
裸の王様状態です）。先ほどの鏡の例だと、鏡を見ないで毎日を過ごし
ている人は、盲点の領域が広いといえます。盲点の領域が広いマネ
ジャーは、自分が部下に与えている影響に気づいておらず、効果的なマ

図表2-2 マネジャーと部下との間で起こっているプロセス：ジョハリの窓

マネジャー		部下	
私（マネジャー）が		私（部下）が	
気づいている	気づいていない	気づいている	気づいていない
Ⅰ. 開放 部下は「はい」 と答えた	Ⅱ. 盲点 自分はノルマや 数値のことしか 言わない	Ⅰ. 開放 部下は「はい」 と答えた	Ⅱ. 盲点 マネジャーなりの 配慮
Ⅲ. 隠れている 強く言うと部下が 萎えるので、強く 言わなかった	Ⅳ. 未知 2人とも気づいて ないこと	Ⅲ. 隠れている マネジャーは ノルマや数値の ことしか言わない	Ⅳ. 未知 2人とも気づいて ないこと

（左表の縦軸：他者（部下）が　気づいている／気づいていない）
（右表の縦軸：他者（マネジャー）が　気づいている／気づいていない）

ネジメントを行うことが難しいです。

Ⅲの「隠れている」領域は、私（マネジャー）が他者（部下）にオープンに伝えていない、自分の中で起こっていたプロセスです。図2-2に示されているように、マネジャーにも、部下にも、水面下に隠れているプロセスが起こっています。マネジャーが「ノルマを達成してくれよ」と言ったことに対して、部下の中での隠れている領域は、「このマネジャーはノルマや数字のことしか言わない」と内心思ったけれど、言いませんでした。自分の中で留めた思考、感情、相手の行動の自分への影響は、言わないで自分の中に隠すことが多いと思われます。そのような、自分の中で溜めているプロセスが、この「隠れている」領域です。言わないために、開放領域が広がらず、お互いがギクシャクしたり、一方がストレスを抱えることになります。

Ⅳの「未知」の領域は、私も他者も気づいていない、無意識で起こっていることや気づいていない可能性です。

日頃仕事をしている時も、すっきりしない、モヤモヤしたやりとりのパターンが続くことがあると思います。この2人のやりとりも、開放領域が狭く、「隠れている」領域が共有されていないので、部下にとってモヤモヤが残るやりとりが今後も続くと思われます。このモヤモヤとしたやりとりが変わり、開放領域が広がり、ともに学ぶための方法がフィードバックです。たとえば、マネジャーが部下に対して、「いつもの私の声かけに対して、どう感じている？」とフィードバックを求めたとします。部下は勇気をもって、「マネジャーはノルマや数字のことしか言わないように私は感じています、それが少しさみしいです」と私メッセージで自己開示をしました（図表2-3の部下のⅢ「隠れている」領域が狭まります）。これがマネジャーへのフィードバックとなり、マネジャーが受け入れるなら、マネジャーは自分についての気づきとなり（図表2-3のマネジャーのⅡ「盲点」の領域が狭まります）、そして、2人のⅠ「開放」領域が以前よりも広がります。

ジョハリの窓は、このように、お互いの間で起こっているプロセスを、私メッセージとして自己開示することが相手にとってのフィード

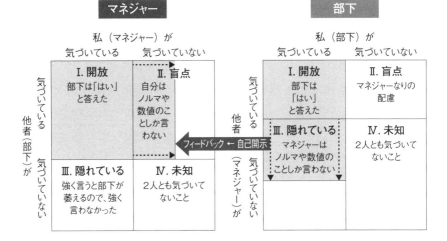

図表2-3 部下による自己開示がマネジャーへのフィードバックになる

バックとなることを図から示しています。フィードバックは、相手に対する評価ではなく、自分の中で起こっていたことを自己開示する（私メッセージで伝える）ことなのです。そして、お互いのやりとりで起こっていたプロセスの自己開示＝フィードバックを相互に行うことを通して、プロセスからともに学ぶことが可能になることを示しています。

　ここまでは、人と人とのやりとりで起こるプロセスについて考え、プロセスからともに学ぶためにフィードバックをもらうことの重要性について検討してきました。相互のフィードバックが積み重なることで、Ⅰの開放領域が広がり、信頼関係やオープンな関係性が構築されます。では次に、関係の構築について考えていきます。

5 テレワークでは「開放」領域がどうしても狭くなる

　テレワークでは、人と人とが同じ場所にいないため、会話が減ります。オンライン会議では業務の内容（＝コンテント）について話すことが中心となるため、プロセスの共有や雑談が減ります。プロセスについて話されることや、人について話されることが少なくなると、ジョハリの窓でいう「開放」領域が狭まっていくことにつながります。

　そのため、プロセスについて話すことや、何気ない雑談をする機会を、意識的につくることも必要です。「隠れている」領域をフワッと自己開示できるような、短い時間をもつイメージです。そのための行動として、オンライン会議が終わる、最後の5分間で、ふりかえりの時間として「今日の会議はどうでした？　進め方やコミュニケーションの仕方で気になったことはある？」と尋ねてみることが有効です。また、Ⅲ-5で触れますが、マネジャーと部下との1on1ミーティングの中で、会議ではなかなか話せない、「隠れている」領域のことを話し合うこともできます。

　「かんじんなことは、目に見えないんだ」、『星の王子さま』に出てくる言葉です。肝心なこと、大切なことは、「隠れている」領域になって、目には見えません。テレワークでは目の前にその人がいないので、さらに目には見えなくなります。見ようとすること、お互いに見えてオープンにできるように意識的にこころがけることが、テレワークで「開放」領域を広げることにつながります。

第Ⅱ章　職場づくりのための基礎知識

- あなたが最近、部下や同僚からもらったフィードバックは、どのようなものでしたか？　そのフィードバックを通して、自分自身について、どのような気づきがありましたか？

- 自分についてのフィードバックをもらうために、いつ、誰に、どのような声かけができますか？

Ⅱ-3 │ 関係性の構築は仲良しをめざすのではない

　職場づくり、関係づくりと聞くと、仲良くなることをイメージされる方も多いと思います。実際に、企業で職場づくりや組織開発の話を私がすると、「会社は仲良しごっこをするところではない」と言う方がいます。そのように考える人は、「関係」や「関係性」という言葉に対して、仲がよい関係だと意味づけるのでしょう。しかし、「関係＝仲がよい関係」というのは狭い捉え方です。ここでは、職場づくりがめざす、仕事が効果的にできて、成果が上がり、かつ、健全なる関係について考えていきましょう。

　図表2-4は、私が大切だと考えている、健全で効果的な関係の3つの側面です。「信頼関係」、「協働関係」、「切磋琢磨の関係（ともに学ぶ関係）」は、下から順に構築され、進展していきます。

　土台となるのが「信頼関係」です。心理学では信頼を、他者の意図や行為に対する好意的な期待だと定義しています。相手は利己的に自分を

図表2-4 健全で効果的な関係の三段階

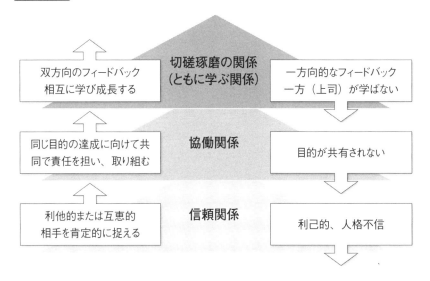

利用しないだろう、何か問題が起こっても自分をおとしめないだろう（逆に助けてくれるだろう）、という期待がある関係性が信頼関係という訳です。そして、相手は自分を利己的に利用しない、困ったらお互いに助け合うと期待ができるのは、相手の人格を信じることができ、利他的または互恵的な意図（＝お互いに助け合うという思いがあること）を認識し、かつ、相手が自分を肯定的（好意的）に捉えてくれていると感じるからだといいます。つまり、利己的な人だと思われたら信頼されません。逆に、人間としての自分を信じてもらえ、お互いに助け合おうという思いがあることが共有されていて、かつ、自分が相手を肯定的に思っていることが伝わると、信頼される、という訳です。

　マネジャーが自分の出世のことしか考えていない、部下を業績を上げるための道具としか見ていない、というように、部下が上司の利己的な意図を感じたなら、部下は上司を決して信頼しません。そのため、業績にしか関心がない「9・1型」（仕事中心型）のマネジャーは部下の信頼を得ることが少ないです（業績を上げる能力や専門性に対する信用を得ることはできます）。マネジャーが部下との信頼関係を築くためには、部下に関心をもち、お互いに助け合い、部下のよいところを伝えること、が鍵となります。

　信頼関係を基盤とした、次の関係構築の側面が、協働関係です。協働とは、同じ目標の達成に向けてともに働くことです。「人は同じ方向を向かなければ、バラバラになる生きもの」なので、協働するためには、同じ方向性に向かおうとすることが必要です。チームや組織がまとまり、協働するためには目標が大切だとされているのは、そのためです。

　協働は、「ともに働く」という意味ですが、同じ仕事や作業を複数の人で一緒に行う、という意味ではありません。分業や分担をしながら、サポートしフォローすることも協働に含まれます。実際には、仕事の分業と補完は重要なプロセスで、ドラッカーが指摘しているように（p.14のコラム1参照）、仕事をうまく分けることもマネジャーの仕事です。

　協働とは、同じ目標の達成に向けて、ともに責任を担いながら取り組んでいくこと、ともいえます。たとえば、同じ職場で働く人たちが、「そ

の仕事はあの人の担当だから、私には無関係」と考える場合は、協働ではありません（個業の状態です）。「あの人の担当だけど、その仕事が完了するために困ったことがあれば助けてあげよう」と考えるなら、達成に向けてともに責任を担っている意識や姿勢があり、私たち事になっているため、協働といえます。もう1つ、別の例として、上司が部下にある仕事を命じた場合を考えましょう。部下のその仕事の進みが遅く、納期が守れなかったとして、上司が部下を「お前の責任だ」と叱責したなら、協働とはいえません。目的の達成に向けてともに責任を担っていない（他人事になっている）からです。協働関係の構築には、何のためにするのかという目的や何をめざすのかという目標を共有し、目的や目標の達成に向けて共同で責任を負い、それぞれの役割を果たしながら補完的に取り組むことが鍵となります。

　最も効果的で自己革新力をもつ関係が、「切磋琢磨の関係（ともに学ぶ関係）」です。既に築かれた信頼関係や協働関係を基盤として、教え合い、学び合い、相互にフィードバックをすることを通して、効果的な仕事を遂行し、お互いに成長していきます。これは上司－部下関係にも当てはまります。上司が部下にフィードバックをするけれど、部下が上司にフィードバックをすることがない場合、上司は自分の影響に気づくことができず、経験から学ぶことができません。経験から学ぶためには、上司が部下からフィードバックを受けることが必要です。「上司は部下にフィードバックをする人、部下は上司からフィードバックを受ける人」という枠組みを超えて、上司も部下からフィードバックをもらうことができれば、ともに経験から学ぶことが可能になります。

　以上のように、関係の構築は、決して仲良しになることをめざすわけではない、ということを説明してきました。健全な「信頼関係」、効果的な「協働関係」、自己革新力をもつ「切磋琢磨の関係（ともに学ぶ関係）」の構築を、本書で紹介する職場づくりでめざしていきます。

テレワークにおける関係の構築

　新型コロナウイルスの影響が広がる前に、対面で信頼関係や協働関係が構築されていたチームや職場では、コロナ禍でテレワークをせざるを得なくなった状況で、テレワークにおいても信頼関係を維持して働くことができた、という声を聞きます。

　ところで、テレワークが今後も継続されると、対面で会ったことがない人と職場の同僚としてテレワークで働く、ということが起きてきます。その場合には、オンラインでのつながりで、信頼関係、協働関係、切磋琢磨の関係（ともに学ぶ関係）をいかに築いていくかということが課題になっていくと思われます。実際に、オンライン上で意図的に雑談の時間を同僚ともつなどの取り組みもなされているようです。

　対面で会ったことがない人と協働するということは、これまでも海外拠点の人と連携する場合などで起こっていたことです。コロナ禍でテレワークが増えた結果、国内にいながらもオンラインのみで関わる機会が増えました。たとえば、同じ会社の他部署の人と連携する場合のように、対面で会ったことがなく、相手のことを知らない状態で、オンラインでともに仕事をする機会が増えています。このような場合も、オンラインでの関わりを通して、信頼関係や協働関係を築いていく必要があります。他者とともに仕事をする際に、お互いの間の信頼関係は重要です。誤解やすれ違いが起こって、職場外の同じ会社の人との連携に悩む人も多いのではないでしょうか？

・あなたの職場には、あなたの部下や上司、隣の職場の同僚（隣の課の課長など）がいます。あなたはそれぞれの人との間で、「信頼関係」、「協働関係」、「切磋琢磨の関係」について、どれくらい構築されていると感じていますか？　「構築できていない」を1、「かなり構築できている」を5として、当てはまる数値に〇を付けてみましょう。

あなたの職場での関係者	信頼関係	協働関係	切磋琢磨の関係
あなたの上司	1-2-3-4-5	1-2-3-4-5	1-2-3-4-5
あなたの隣の職場の同僚（マネジャー）	1-2-3-4-5	1-2-3-4-5	1-2-3-4-5
連携する仕事をする部や課のマネジャー	1-2-3-4-5	1-2-3-4-5	1-2-3-4-5
あなたの部下：	1-2-3-4-5	1-2-3-4-5	1-2-3-4-5
あなたの部下：	1-2-3-4-5	1-2-3-4-5	1-2-3-4-5
あなたの部下：	1-2-3-4-5	1-2-3-4-5	1-2-3-4-5
あなたの部下：	1-2-3-4-5	1-2-3-4-5	1-2-3-4-5

・チェックをしたうえで、今後、誰との間で、どのような関係を構築していきたいですか？　そのために、どのような行動やこころがけをしていきたいですか？

第Ⅱ章　職場づくりのための基礎知識

前節では、関係の構築のステップアップについて考えてきました。しかし、関係の構築は図表2-5に示したように一方向的にスムーズに進むわけではありません。関係の構築は一進一退、よくなったと思えば悪くなることもあります。人の発達にはいろいろな時期や段階があるように、グループの発達にもいろいろな段階があるという理論があります。まずは、代表的なグループ発達理論である、タックマン（1965）の理論について紹介していきます。

タックマンの理論では、人の乳幼児期、思春期、青年期、成人期になぞらえて、グループの関係性にも発達段階があることを提唱しました。人の乳幼児期が「形成期（フォーミング）」、思春期が「混乱期（ストーミング）」、青年期が「標準期（ノーミング）」、成人期が「遂行期（パフォーミング）」です。図表2-5には、人の発達をイメージした、グルー

図表2-5 グループの発達（タックマンの理論および集団年齢（古川）に基づく）

【人の発達】

乳幼児期　　　思春期　　　青年期　　　成人期　　　老年期

【グループの発達】

形成期	混乱期	標準期	遂行期	老年期
・不安や緊張 ・表面的 ・共通点探し	・違いや葛藤 ・不信や反発 ・感情的	・標準（共通の基盤）の形成 ・違いに対処	・協働による生産性の高さ ・"共鳴箱"	・前例 ・保守的 ・固定化 ・画一化 ※古川による集団年齢に基づく段階

プの発達段階を示しました。

　形成期は、メンバーが新しく集められた時、多くのメンバーの異動があった時です。メンバーは不安や緊張が高く、表面的なやりとりが行われます。リーダーやマネジャーなどの権限がある人への依存も起きます。何を言ってもいいという安心感が生まれると、次の混乱期に入っていきます。

　混乱期では、メンバー間の違いが表れてきます。意見の違いによる葛藤、性格の違いによる反発や不信、権限がある人への抵抗、などが起こってきます。メンバーの同質性が高い場合は、メンバー間の違いが大きくないので、葛藤も小さく、いざこざが少ないです。一方で、メンバーの多様性が高い場合は、違いによる葛藤やいざこざが起きやすいです。マネジャーが葛藤の原因になることも多いです。葛藤やいざこざ、反発は、対立として表面化する場合もあれば、一部のメンバーの間だけで不満や愚痴として語られ、表面化しない場合もあります。まるで、人が思春期に、反抗的になる人、内にこもる人がいることと似ています。この混乱期は非常にストレスフルなため、いかに混乱期を乗り越えるかが職場づくりにとって重要です。

　混乱期を抜けるためには、標準期に移行することです。人は青年期に、自分がめざす目標を見つけて、自分との付き合い方を見出して、安定してきます。それと似ていて、グループでも共通の目標やお互いの付き合い方を見出していくことで、安定していきます。お互いの違いに対処するための共通の基盤とは、たとえば、共通の目標や役割、仕事や話し合いの進め方、グラウンドルールの設定、相手のよい面を理解する、お互いの関わり方のコツに気づくこと、などです。

　次の遂行期は、人が成人期にバリバリと生産的に仕事ができるような状態です。標準期でグループのマネジャーやメンバーが互いにうまく関わるための基盤が形成されると、グループは協働を通して仕事を遂行できるようになります。この段階では、グループは効果的に仕事ができ、生産性が高まります。Ⅱ-3で検討した、信頼関係と協働関係が構築された状態です。

しかし、グループの遂行期は永遠に続くわけではありません。人が中年期を経て、老年期には保守的になっていくように、グループもまた老年期になっていきます。この「老年期」という考え方は、古川久敬氏の「集団年齢」という理論に基づいています（古川, 1990）。老年期には、安定志向から変化を避けるようになり、仕事の進め方のパターン化（決まった手順で仕事をするようになる）、前例の慣行化、関心の内部化（自分たちのことだけを考えるようになる）、などが起きます。このような状態になるとグループや職場は活性化しません。与えられた仕事を個々のメンバーが淡々とこなす状態になってしまいます。「老年期」にあるグループや職場が変わるためには、再度、「混乱期」と「標準期」を経て、「遂行期」に移行していくことが必要になります。たとえば、マネジャーまたはメンバーの誰かが「このままではいけない」と声に出し、変化を避けるメンバーと向き合うと、変化が必要という人と変化を避けたいという人の間の違いが浮き彫りになり、「混乱期」に移行します。こうした“揺らぎ”がグループの発達には必要なのです。

　私たちは、葛藤や混乱を抱えた人間関係は避けたいものです。しかし、タックマンの理論からすると、混乱期をうまく通り抜けることが、グループの発達には必要だといえます。つまり、職場の葛藤は避けるべきものや蓋をすべきことではなく、健全に取り扱うものなのです。一方で、会社に行くのが嫌になるくらい、職場の関係性が悪く、ストレスフルな状態が続く場合もあります。これは、「標準期」に移行するための働きかけができていないことが要因かもしれません。

　職場づくりとは、職場の関係性の発達を促進させることです。職場づくりの方法は魔法ではないので、ある手法を行うことで問題がパッとなくなるという訳ではありません。職場で起こる人間関係の問題は、ハイフェッツの言う「技術的問題」ではないので、既存のノウハウを適用することで簡単に解決するものではないです。人間関係の問題は「適応課題」です。違いがあって対人葛藤が起こる人たちが、同じ職場で関わり合うために、お互いにどのように適応していくかというチャレンジです。「適応課題」の解決方法がそうであるように、自分事として解決策

を考え、自分の考え方や行動が変わっていく必要があるのです。自分たちの間で起こる「適応課題」を解決する過程自体が、お互いの関係性が発達成長することにつながっていきます。

テレワークコラム

7　テレワークにおける関係の発達段階

　テレワークにおける関係の発達はどうなるのでしょうか？　興味深い2つの調査結果があります。日本マンパワー（2020）によれば、2020年5月に400名の有効回答を得た調査の結果、テレワークでストレスが減ったこととして33.3％の人が「仕事上のコミュニケーション」を挙げていました。またアデコ（2020）は、2020年7月に行われた調査結果として、今後もテレワークをしたいと思う人（一般職全体の83％）にその理由を尋ねたところ、一般職の51.4％が「人間関係の煩わしさがないから」を選択していたことを報告しています。これらの結果は、出社時の人間関係が煩わしいと感じていた人や、コミュニケーションがストレスだと感じていた人が一定数存在していることが示唆されます。

　つまり、相手との間に葛藤がある人とは出社状態では会って近くで仕事をしなければならないのが、テレワークでは必要最小限の関わりで済ますことができる、ということが起こっていると推測できます。これは、出社での対面状態では、混乱期にある関係はストレスを感じるのが、テレワーク状態だとそのストレスが軽減される、または、混乱期がより悪化していかない可能性がありそうです。

　一方で、混乱期を乗り越えるための標準期に必要なこと、すなわち、共通の目標をもつ、相手のよい面を理解する、お互いの関わり方のコツに気づく、などは、テレワークでは意識的にそのような場を創らない限り、起こり得ません。混乱期に対人葛藤がよりシビアにならないが、葛藤の解消も難しくなって混乱期に留まる傾向がある、そんな特徴がテレワークにおける関係の発達にはあるのかもし

れません。そうならば、テレワークにおいて、部下との信頼関係を構築するために定期的に1on1ミーティングを実施するなどの対処が対面以上に必要だといえそうです。

セルフ・リフレクション

- あなたの職場の発達段階はどれに該当しますか？　どのような現状から、そのように考えましたか？

〈該当する発達段階〉

〈どのような現状やパターンから、その発達段階にあると考えたか〉

- あなたがこれまで所属したチームや職場の中で、協働的に仕事が進んだ「遂行期」に至ったチームや職場を思い出してください。どのような過程を経て、活き活きと協働できる関係に進展しましたか？　誰がどのように働きかけることで、そのような関係になっていきましたか？

Ⅱ-5 | やりとりの4つのレベル

　職場づくりの基礎知識の最後として、先ほど紹介した「関係の発達」とも関連する理論である、「やりとりの4つのレベル」について検討していきます（図表2-6参照）。この理論は、マネジャーである自分と部下との間のやりとりや、部下と部下との間のやりとりの質について考えるのにとても有益です。

　安全安心ではない関係の状態や、権限をもつ人に反発しにくい場合は、「儀礼的な会話」がなされます。ていねいで慎重に話され、特定の人が話し、本音は語られません。たとえば、ある工場で安全基準の見直しが上層部で行われ、決定された新しい安全基準がマネジャーから現場

図表2-6 やりとりの4つのレベル

現れてくる現実を具現化する

生成的な対話
やりとり：未来への探究、ゆっくり
話し方：新しい洞察やアイデアが語られる（生成される）
きき方：全体から聴く、境界がない
意味づけ：変化
　　　　　新たな意味が生成される

内省的な対話
やりとり：お互いについての探究
話し方：内省的に話す
きき方：相手の話を共感的に聴く
　　　　自分の内側の声を聴く
　　　　相手は"唯一無二"の存在
意味づけ：対話を通して変化

全体優位　←　　　　　　　　　→　部分優位

儀礼的な会話
やりとり：見せかけ、丁寧で慎重
話し方：特定の人が話す
　　　　本音は語られない
きき方：ダウンローディング
　　　　反応しないこともあり
意味づけ：既存の意味づけで固定

討論
やりとり：ディベート、衝突
話し方：率直に語る
　　　　自分の見方から主張する
　　　　率直に言う
きき方：外側から聞く
　　　　判断するために聞く
意味づけ：既存の意味づけで固定

既存の意味を再現する

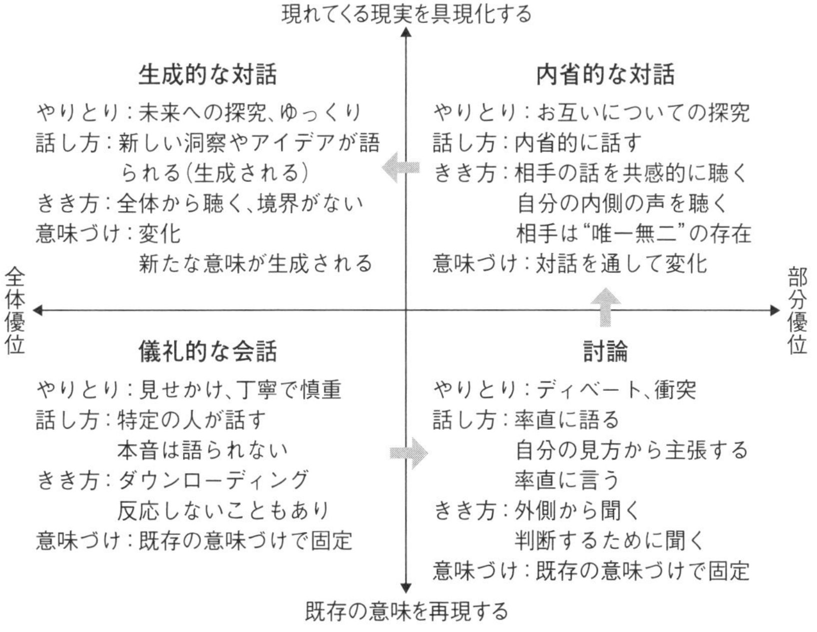

オットー・シャーマーによる発案、アダム・カヘンによる公表（『手ごわい問題は、対話で解決する』）、小田理一郎（2017）による紹介（『「学習する組織」入門』）を参考に作成

の担当者に伝えられたとします。

 マネジャー：上で新しい安全基準が決まったので、遵守する
ように。

 現場の担当者：はい、わかりました。
（現場の担当者の内心：今までの安全基準のどこが悪かった
んだろう、別に変えなくてもいいのに。また、現場の声を聞
かずに上が勝手に決めたな。）

　このように、部下は本音を話さず、「また今回も現場の声を聞かずに
上が勝手に決めた」と考えました。この聞き方は「ダウンローディン
グ」と呼ばれています。携帯がアプリをダウンロードするように、相手
の話を聞きながら、自分の過去の経験と照らし合わせて、「また今回
も…」と予測し、自分なりの思い込みを確認せずに同じ意味づけをする
という聞き方です。
　自分の意見を発言しても大丈夫だという安心感が生まれてくると、や
りとりのレベルは「討論」になります。自分の考えを率直に話し、自分
の見方から主張します。工場の例では、

 マネジャー：上で新しい安全基準が決まったので、遵守する
ように。

 現場の担当者：私は前の安全基準に問題はなかったと思いま
す。安全基準を変える必要はないです。どうして上は現場の
声も聞かずに勝手に決めるんですか！

　やりとりは、お互いの意見がぶつかりあう議論になります。勝つか負
けるかの話し合いなので、自分の主張を通すような聞き方をして、相手
を説得しようとします。このやりとりでも、前の安全基準の方がよい、

上は現場の声を聞かずに勝手に決めた、という既存の意味づけが変わりません。この「討論」のやりとりが続くと、協働関係を構築することが難しく、「混乱期」に留まります。

「討論」のレベルを脱却して、次の「内省的な対話」のレベルになっていくためには、話し方やきき方が変化する必要があります。工場の安全基準の例に戻ります。

 マネジャー：上で新しい安全基準が決まったので、遵守するように。

 現場の担当者：前の安全基準のどこが問題だったんですか？私は前の安全基準に問題はなかったと思います。

 マネジャー：私も上に、前の安全基準のどこが問題だったかを尋ねました。うちのラインは前の基準に問題があった訳ではないけれど、別の製品ラインに上がヒアリングをしたところ、従業員の安全を守るためにはさらなる見直しが必要だとなったとのこと。

 現場の担当者：上は別の現場の声を聞いたんだ、現場の声を無視して、というのは私の思い込みでした。上は従業員の安全を考えてくれているのですね。

「内省的な対話」のレベルでは、話す際に自分が正しいと思って主張するのではなく、質問をしながら探究し、相手の話を共感的に聞いていきます。そして、自分の前提や思い込みを内省していきます。上の例では、「前の安全基準の方がよい」、「上は現場の声を聞かずに勝手に決める」という現場の担当者の意味づけが変化しています。

対話（ダイアログ）とは、やりとりを通して意味が共有され、意味づけが変化する、双方向のコミュニケーションです。「討論」では自説の正しさを主張して勝つことをめざしますが、対話では共通理解をするこ

と、前提を探究すること、気づきが得られて意味づけが変化することをめざします。

さらに、「生成的な対話」では、共通の未来に向けて新しいアイデアが生成されるやりとりがなされます。

 マネジャー：この新しい安全基準がみんなに腹落ちし、よりよい現場になっていくために、どうしたらいいだろう？

 現場の担当者：よりよい現場になっていくことは大事ですね。新しい安全基準がみんなに腹落ちし、やらされ感が起きずに自分事として考えてもらうには、どうしたらいいかですね。

 マネジャー：上から言われたからやりなさい、と伝えるだけだと、やらされ感がどうしても生まれるからなぁ。

 現場の担当者：あっ、じゃあ、腹落ちするためには、別のラインで新しい安全基準が必要になった理由を、そのラインの人から私たちに語ってもらうのはどうですか？

この例では、やりとりを通して見出されてきた、共通の未来は、よりよい現場になるために、新しい安全基準がメンバーに腹落ちする状態でした。それを"私たち"として達成することに向けて、新しい可能性が対話を通して探究され、他のラインの現場担当者に語ってもらう、という新しいアイデアが生まれました。このように、「生成的な対話」のレベルでは、共通の未来に向けて"私たち"として探究し、既存の枠組みを超えて創造的に対話をしていきます。

ちなみに、同質性が高いメンバーよりも、多様性が高いメンバーの方が、創造的な話し合いになりやすいとされています。メンバー間の違いが大きいと「討論」になりやすく、関係の発達段階も「混乱期」に留まりやすいですが、それを乗り越えて多様なメンバーが協働できる関係に

発達すると、多様であることが強みになってきます。多様なメンバーの方が「生成的な対話」で新しいアイデアが生み出されやすいです。そして、多様なメンバーで「生成的な対話」をすることがイノベーションにつながっていきます。

業績だけに関心をもち、人に関心をもたない「9・1型」（仕事中心型）で指示命令をするマネジャーのもとでは、やりとりが「儀礼的な会話」のレベルに留まります。部下は本心を語らず、マネジャーが話す内容に対する部下の意味づけも変わりません（その結果、部下の行動も変化しません）。新たな価値を創出し、イノベーションが起きるマネジメントをめざすには、チームや職場のメンバーで「内省的な対話」や「生成的な対話」がなされるよう、マネジャーが働きかけていくことが鍵となります。

テレワークコラム

テレワークにおけるコミュニケーション：オンラインでのミュート問題

オンライン会議で起こる問題の1つがミュートです。話していない人がミュートにしていないために、雑音が入る、ハウリングするなどの問題が起きます。そして、やりとりの4つのレベルに関して、より問題なのが、チームや職場でのオンライン会議で、ミュートにしていて話さない人がいる、ということかもしれません。ミュート状態だと、聞き手が声を出すためにミュート解除の動作が必要になるため、あえて発言しなくてもよいことは発言したり返答しなくなる傾向があります。その結果、「儀礼的な会話」が多くなる可能性があります。マネジャーから言われたことに対して、少し違和感があっても、それを言わずに済ませてしまうことが、オンライン会議のミュート状態では起こり得る、ということです。そのため、オンライン会議では、「儀礼的な会話」に慣れてしまうので、それが当たり前にならないような工夫や働きかけが必要かもしれません。反応してもらうこと、違和感があったら言ってもらうこと、

時に指名して発言してもらうこと、マネジャーと異なる意見を歓迎すること、などです。

　ちなみに、大学での多人数講義がオンラインで行われる際には、学生はビデオオフかつミュートで参加することが求められることもあります。その状態に学生が慣れていくと、授業で声に出して反応しないことに慣れていくのかもしれません。これは私が体験したことですが、久々に対面での50名ほどの授業を行った際に、私が話している時の学生のうなずきなどの反応は、オンライン授業が実施される前に比べて減った感じがしました。ビデオオフかつミュートに慣れると、受動的に情報を聞くことに慣れてしまうのかもしれません。

　逆に、ミュート解除を標準にすることも可能です。私のゼミは参加型で行われていて、学生同士のやりとりが元々活発なのですが、私のゼミをオンラインで実施していた2020年度にこんな経験をしました。ゼミ生がオンライン上で行われるゼミにおいてもお互いに積極的にやりとりし、発言や反応をしていくために、「全員ビデオオンでミュート解除してゼミに参加しましょう」という提案がゼミ生からなされました。全員が雑音の少ない環境でオンラインに接続していたから、実施することができ、ビデオオン＆ミュート解除がグラウンドルールになっていきました。画面上でうなずくだけではなく、オンライン上でも「ハイ」、「賛成」などの反応が返ってきて、さながら対面でのやりとりのようでした。

・あなたの職場でなされるやりとりは、どのような場面で、どのレ
　ベルが多いですか？

〈どのような場面で〉

_____

〈誰が参加している時に〉

_____

〈どのやりとりのレベルになりやすい〉

_____

・その場面について、やりとりのレベルをさらに高めることに向け
　て、自分自身の話し方やきき方で試みたいことは？　メンバーに
　働きかけてみたいことは？

_____

第 III 章

部下との
1対1の関わり

　職場づくりの基盤は、部下との1対1の関係づくりからです。職場レベルの関係性は、マネジャーと部下の間、部下と部下の間などの1対1の間での関係の集積です。この章では、職場づくりの基盤となる、1対1関係（特に、マネジャーと部下との1対1関係）についての理論と方法を見ていきましょう。

伝えること≠コミュニケーション⁉

　マネジャーであるあなたは、部下に対して「私は言ったのに、どうして言ったことが実行されていないんだ」と感じることはありませんか？そして、自分はちゃんと伝えたから悪くない、しっかりと聞いていない部下が悪い、と部下のせいにすることはないでしょうか？　これは、伝えること＝コミュニケーションだと勘違いしていることから起こります。伝えることでコミュニケーションが成立し、完了するわけではありません。では、コミュニケーションとは何かを考えていきましょう。

　コミュニケーションという言葉の語源である、ラテン語の意味は「共有する」です。つまり、コミュニケーションとは、伝える側と聞く側の間で、伝えようとする内容が共有されることです。共有されていなかったら、コミュニケーションは成立していません。伝えたつもりが、共有されていないことがある、これは「伝える行為」＝「コミュニケーション」ではない、ことを示しています。

　コミュニケーションで共有されることには、①情報の内容と②その意味があります。Ⅱ-5の例で、工場の安全基準が新しくなったことをマネジャーが伝える場面を挙げました。その例だと、①情報の内容とは、「安全基準が新しくなった」ということが部下に共有されることです。そして、②その意味とは、なぜ、何のために安全基準が新しくなったのかという背景や前提が部下と共有されることです。

　私たちは①情報の内容を、言葉として伝えたり、メールで送ったりすることで、共有しようとしています。このような伝え方は「導管」のイメージです（中原・長岡, 2009）。管を通して情報を正確に送ろうとする、コミュニケーション観です（図3-1）。もしもあなたが、「私はちゃんと伝えたのに…」とよく思うなら、あなたは導管型のコミュニケーション観をもっています。

　一方で、最近の心理学や組織論の研究では、「人は意味づけをする生きもの」（ワイク, 2001; Bushe, 2009）であり、どのように意味づけされ

図表3-1 導管のイメージ

情報は導管を通して正確に流れていく

図表3-2 「人は意味づけをする生きもの」という捉え方

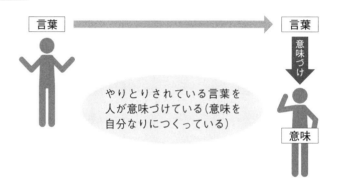

言葉

言葉

意味づけ

意味

やりとりされている言葉を人が意味づけている（意味を自分なりにつくっている）

るかが重要である、という考え方に注目されています（図表3-2）。

　同じ情報の内容が言葉で伝わっても、受け手によって意味づけの仕方が異なるので、伝えた言葉の意味を共有することが大切だという発想です。工場での安全基準の例では、マネジャーから「安全基準が新しくなった」という情報が伝えられ、その言葉の内容はメンバー全員に共有されたとしても、人によって意味づけが異なる、ということが起きます。たとえば、「なぜ上は現場の声を聞かずに勝手に変えるんだ」、「上が決めたことだからやらないと」、「形だけ守ればいいんでしょ」などと、人によっていろいろな意味づけがなされます。人は自分なりの意味を作り上げているのです。そのため、①情報の内容を共有するだけではなく、②その意味を共有することも重要なのです。単に情報の内容を伝

えただけでは、その意味は共有されません。

　ちなみに、意味が共有される双方向のコミュニケーションは、Ⅱ-5で紹介したように、「対話（ダイアローグ）」と呼ばれます。マネジャーがただ単に情報の内容を伝えただけ（導管のイメージ）では、「儀礼的な会話」となり、部下には腹落ちせず、実行されない可能性が高いといえます。意味が共有されるためには、部下がどのように意味づけしているかにも気を配り、時にエネルギーと時間をかけて「内省的な対話」や「生成的な対話」をしていく必要があります。

　ここまで、コミュニケーションの例として、上層部の決定を部下に伝える場面を考えてきました。しかし、今は部下の方が業務について詳しいことも多いため、上司であるマネジャーが指示命令をするコミュニケーションはすでに時代遅れです（Ⅰ-2参照）。部下の主体性を育み、活力を引き出すことで、部下をエンパワーしていくコミュニケーションについて検討していきましょう。以下では、質問する、伝える、フィードバックする、という3つの関わりについて考えていきます。

テレワークでのコミュニケーション：
同期型と非同期型

テレワークでのコミュニケーションを考える際に、Ⅰ-6の図表1-11で触れた、同期型コミュニケーションと非同期型コミュニケーションに分けて考えていきましょう。

同期型コミュニケーションとは、送り手と受け手が信号（言葉や非言語の情報・サインなど）を同時に送受信するやりとりです。伝える人が言葉を伝えるのと同時に聞く人がその内容を受け取るので、聞いた人はすぐに反応することができ、伝える人と聞く人が瞬時に交替してやりとりすることが可能です。伝えたことに対する反応はリアルタイムで返ってきます。対面、電話、ZOOMなどのオンライン会議ツールが同期型コミュニケーションに該当します。

非同期型コミュニケーションとは、同時に送受信をしないやりとりで、送り手が言葉や情報を送信し、受け手が受信するのに時間の差が起きます。伝えたことに対する反応をもらうまで時間がかかります。メール、手紙や書類の送付、議事録、留守番電話、ボイスメール、チャット、LINEやSlackなどのツールによるやりとりが該当します。チャットやLINEは、送り手と受け手が同時に見ているなら同期型にもなります（送り手の送信時に受け手が見ていないなら非同期型です）。

対面の同期型コミュニケーション、オンラインでの同期型コミュニケーション、非同期型コミュニケーションのメリットとデメリットを図表3-3にまとめました。

図表3-3 同期型／非同期型コミュニケーションのメリットとデメリット

	同期型コミュニケーション		非同期型コミュニケーション
メリット	・同時に進行するやりとりができる ・すぐに意思決定ができる ・伝えたと同時に受け手の反応がわかる ・受け手の反応を見てすぐに対応することができる（例：人に対するフィードバックをする場合、相手がショックを受けた際にフォローできる）		・送り手が伝える時間と場所を自分で選ぶことができる（自分のタイミングで送信ができる） ・受け手が受信と返信の時間と場所を自分で選ぶことができる（その時にしている作業を中断しなくてもよい） ・多くの人に対して、多くの情報を共有することができる ・伝えられた内容について、考えた上で反応や返信ができる
メリット	**対面**	**オンラインのツール**	
メリット	・非言語のサインが見えるので相手の反応がわかる ・アナログによる可視化が可能（印刷物、手書きホワイトボード、制作物など） ・話したい時に声をかけて会話を始めることができる、偶発的に会話が気軽に始められる	・移動のコスト（時間、費用）がかからない ・会議室などの場所が不要 ・デジタルによる可視化が可能（デジタル・ファイルの共有、オンライン上の可視化ツールの共有など）	
デメリット	・送り手が他の作業をしている場合は、その作業を中断しないといけない ・参加者全員の時間を拘束する（関連がないことが扱われていても、参加者はその場にいなければならない）		・送り手が反応や返信をほしいタイミングで、反応を得られないことがある ・すぐに意思決定をすることが難しい ・異論が出された時の対応に時間がかかる ・送り手の情報の内容（コンテント）が中心に送られる（導管型） ・送られた情報を受け手がどれくらい把握するかは受け手しだい（受け手が読まないと情報が共有されない） ・一度に多くの情報が送られると、受け手がすべてを把握できない ・意味や意図、気持ちが伝わらず、誤解が起こることがある（誤解が起こっていることに送り手が気づきにくいため、誤解が起こっても即座に修正できない）
デメリット	**対面**	**オンラインのツール**	
デメリット	・集まるのに移動するコスト（時間、費用）がかかる ・会議室などの場所が必要 ・デジタル・ファイルの共有はプロジェクターなどが必要	・ビデオオフやミュートをしている場合は相手の反応がわからない ・コミュニケーションへの関与を自分である程度選択できる ・インターネットの回線状態に影響を受ける（速度が遅いと情報が伝わらない） ・コミュニケーションを遮断することができる	

このように、対面での同期型コミュニケーション、オンラインでの同期型コミュニケーション、非同期型コミュニケーションにはメリットとデメリットがあります。

　非同期型コミュニケーションのメリットは、受け手の作業を中断させないで情報を送信できること、受け手のタイミングで受け手が情報やアイデアを返信できて情報やアイデアが蓄積できることです。つまり、情報の共有やアイデアを蓄積していく際は、非同期型コミュニケーションを選択することが望ましいといえます。しかし、送り手が一度に多くの話題を投げかけた場合に作業が阻害されるという研究結果があります（村越他, 1996）。1回の送信での話題や内容を少なくして送ることが重要です。

　一方の同期型コミュニケーションのメリットは、意思決定と即座の対応ができることです。ただし、オンラインの同期型コミュニケーションで、受け手の反応がない、または、受け手の反応が見られない場合は、意思決定や即座の対応ができません。やりとりをしたうえで意思決定をしたい時、相手に心理的影響があることを伝える時（たとえば、部下にフィードバックをする際に、部下がショックを受ける可能性がある時など）は、同期型コミュニケーションのメリットを活かすために、ビデオオンとミュート解除をすることが望ましいといえます。

・あなたは、どのようなことを伝える（決める）際に、どのような
　方法で伝えますか？　また、その際に、一方的に伝える頻度、部
　下が納得するように意味について対話する頻度は、どれくらいで
　すか？「全くそうしない」を1、「いつもそうする」を5として、
　当てはまる数値に○を付けてください。

どのような場面で	どのような方法で（対面／オンライン会議ツール／メール／チャット／その他）	一方的に伝える（導管イメージ）	部下が納得するようその意味について対話する
		1：全くそうしない － 5：いつもそうする	
上からの日常的な連絡事項の共有		1-2-3-4-5	1-2-3-4-5
大きな変更を伴う上による決定の共有		1-2-3-4-5	1-2-3-4-5
自分が判断したことを伝える		1-2-3-4-5	1-2-3-4-5
業務上の新しいアイデアを検討する		1-2-3-4-5	1-2-3-4-5
業務上の重要なことを決める		1-2-3-4-5	1-2-3-4-5
部下にフィードバックをする		1-2-3-4-5	1-2-3-4-5

・上のチェックリストについて、あなたの伝え方や対話の仕方を今
　後変えていきたいのは、どのような場面ですか？　その場面で、
　あなたのコミュニケーションの仕方をどのように変えていきたい
　ですか？　どのような行動を試みますか？（具体的に）

Ⅲ-2 質問による関わり

　部下が業務を遂行し、日々の経験から学んで成長することは、多くのマネジャーが願っていることです。現在では、ルーティンの単純な作業は外部委託などで行われることが多いため、社員が携わる業務は複雑で高度化しています。複雑で高度な業務を担う部下は壁にぶつかることも多く、自分で考え、新たな発想を試みることが必要とされています。また、業務が個人に振り分けられていても、1人で完結する業務はほとんどなく、職場内または部署外、社外の人との連携をしなければなりません。つまり、他の人との連携を取りつつ、自分の業務を進める力を高める必要があります。さらに、長期的視点から考えると、部下は自らのキャリアについて考え、自己成長に取り組むことも課題です。

　部下の自分の業務を進める力や、他者と連携する力を高め、自らのキャリアを考えて自己成長を考えていくためには、部下が自分で考え、実行し、その経験から学ぶこと（＝経験学習）が鍵となります。そして、そのためのマネジャーの役割は、部下が自ら考えて実行し、その経験から学ぶことを促進することです。

　マネジャーが部下に伝え、指示を出すという導管型の情報伝達は、部下が自分で考えて実行することには何ら役に立ちません。指示命令型の情報伝達は、上司の指示さえ守っていればよいという受け身な姿勢を部下に植え付けます。

　部下が自ら考えて実行することをマネジャーが支援するには、「質問する」関わり方が重要です。マネジャーが部下に質問し、部下が考えて答え、さらにマネジャーが質問し、という対話を通して、部下が自ら考えて行動計画をしていく、という対話です。

　図表3-4に、質問するスキルと姿勢を挙げました。これらのスキルや姿勢について、以下でマネジャーと部下とのやりとりの例を通して検討していきます。このマネジャーと部下は開発の業務に携わっています。1日前に、部下は自分が担当する業務について、納期が守れなかったと

図表3-4 質問による関わり

質問するスキルや姿勢	内容
本人が考えたいことを扱う	何について困っているのか、考えたいのかを尋ねる
短く、シンプルに尋ねる	長い質問はわかりにくいため、シンプルに短く尋ねる
否定せずに聴く	本人が言ったことを聴き、否定せずに受け止める
自分の考えは脇に置く	先回りしない。先に本人の考えや見方を尋ねる
行動の自己決定を導く	今後、どのような行動を試みるかを自分で決定してもらう
実行に必要なサポートを尋ねる	本人が試みていく行動を実行するために、マネジャーである自分が何を手伝えるかを尋ねる

いう事態が起こりました。部下が報告をするために、マネジャーと話をする場面です。

 部下①：昨日、納期を守れず、ご迷惑をおかけしました。

 マネジャー①：何が問題だったの？

 部下②：自分の計画の甘さもあったんですが、この仕事は別の部署の奥川さんとの連携が必要なもので、奥川さんに問い合わせをして回答を待っていて、回答が来るまで5日もかかって…。他の仕事を優先したので、結局遅れてしまいました。

 マネジャー②：そうだったんだ、自分の計画の甘さについてと、奥川さんとの連携のこと、どちらを考えたい？

 部下③：奥川さんとのことですね、今回だけじゃなくて、今まで何回も同じようなことが起こっていて。

 マネジャー③：どんなことが起こっていたの？

部下④：問い合わせをメールでして、返事が何日かなくて、私も催促すればいいんだけれど、向こうも忙しいかなと思って…。

マネジャー④：向こうも忙しいかもと思って、遠慮したんだ。

部下⑤：そうなんです、強く言えないところが自分にはあるから。向こうが業務をたくさん抱えていることも知っているから。

マネジャー⑤：どうなることが望ましい？

部下⑥：遠慮せずに、自分からこの日までに返信をくださいとリマインドできればいいんですけどね。わがままな奴だと思われたくないので…。

マネジャー⑥：リマインドしたいけど、わがままだと思われたくない、なるほど。今後、奥川さんに対して同じような状況でどうしていきたい？

部下⑦：納期を守れないということは二度としたくないです、だから、納期の2日前ぐらいにリマインドのメールを送って催促するようにします。

マネジャー⑦：それは相手にもこちらの状況が伝わるね、それで、そのことで私に手伝ってほしいことはある？

部下⑧：奥川さんとのことは大丈夫です。また何かあったら、こうやって一緒に考えてください！

マネジャー⑧：了解！

では、図表3-4に挙げられた、質問するスキルと姿勢と対応させて、この例を検討していきましょう。マネジャー②では、［本人が考えたいことを扱う］姿勢から、話し合っていく話題を選んでもらう質問をしています。［短く、シンプルに尋ねる］形で、マネジャー③「どんなことが起こっているの？」（マネジャー③）、「どうなることが望ましい？」（マネジャー⑤）、「…どうしていきたい？」（マネジャー⑥）と短い質問をしています。そして、尋ねたことに対して返ってきた部下の発言に対して、「向こうも忙しいかもと思って、遠慮したんだ」（マネジャー④）、「リマインドしたいけど、わがままだと思われたくない、なるほど」（マネジャー⑥）と［否定せずに聴く］ことをしています。

　マネジャーは［自分の考えは脇に］置いていて、自分の考えや意見、アドバイスをしていません。そして、「今後、同じような状況でどうしていきたい？」（マネジャー⑥）と行動を尋ねることで、［行動の自己決定を導く］働きかけをしています。本人が意味づけし、自己決定された行動は、実行される可能性が高まります。やりとりが終わる最後に、マネジャー⑦「そのことで私に手伝ってほしいことはある？」と［実行に必要なサポートを尋ねる］ことで、今後どのようなことを助けてほしいかという、部下のニーズを確認しています。

　質問による関わりは、自分で考えて、行動を自己決定することが重要だという姿勢が軸となります。そのためには、マネジャーである自分の考えが部下と違っていても、まずは否定せずに聴くことが必要とされます。質問することと、聴くことはセットなのです。マネジャーが質問して、部下が答えて、マネジャーがそれを否定すると、部下はそれ以降、上司の考えに合わせた答えをするようになります。それでは、部下が自分で考えて行動を決定することや、自らの経験から学ぶことを促進することができません。否定せずに聴くことをこころがけましょう。ただし、見せかけの受け止めや、言いたいことを我慢しながら聞くのは、部下にすぐにバレます。あくまでも自然な話し合いの中で、部下に関心をもちながら質問して、聴くことがポイントです。

　ここまで読んで、部下の考えと決定を促進するために、マネジャーは

受け止めるだけでよいのか、と疑問をもつ方も多いことでしょう。もしもマネジャーが、部下が知らない方法や知識を知っていた場合、または、部下が自己決定した行動よりも、さらに効果的な行動があることを知っている場合、それを言わないでおくのは勿体ないです。マネジャーと部下との関わりでは、時に伝えることや教えることが必要になります。以下では、対話的に伝える関わりについて検討していきましょう。

COLUMN 2

本人が考えるための質問

　質問には、尋ねる側が知るための問いかけと、本人が考えるための問いかけがあります。尋ねる側である、マネジャーが知るための質問では、状況を詳しく把握するために、どのような人がいて、どのようなことが起こったのかを尋ねます。それは、状況を把握したうえで、適切なアドバイスをするためです。つまり、考えているのはマネジャーであり、部下は質問に対して状況を答えているのみで、そのやりとりで部下の考えが深まり、気づきが起こることは少ないです。

　本人（部下）が考えるための問いかけは、その状況や問題について本人がどのように捉えているのか、自分にとっての課題や壁は何かに焦点づけていきます。本人が自分に対して問いかけ、状況や自分についての考えを深め、新たな気づきが得られるように、質問していきます。そのため、詳しい状況をマネジャーが把握する必要はありません。部下が考え、気づきを得て、経験から学ぶことを支援する質問をすることが大切なのです。本人が考えるための問いかけの留意点を4つ挙げます。

　1つめは、本人に焦点づけて質問をします。「あなたが気になっていることは、どんなこと？」、「あなたにとって壁や難しさを感じたのは？」などと尋ねて、自分の中で起こっていたことにも焦点づけていきます。

2つめは、質問に対する本人の発言に対して、その人の中で起こっていたことを返していきます。たとえば、例の中ではマネジャー④で、「遠慮したんだ」と部下の中で起こっていたことを返して焦点づけています。本人の中で起こっていたことについてさらに考えることができるように、本人の言葉を繰り返して返していきます。

　3つめは、本人が考えるスペースをつくることです。これまで考えたことがなかったことを尋ねられた場合、本人は考えて、一瞬の間ができます。これは、本人が考えるためのよい質問をした表われです。間ができたので、間髪入れずに次の質問をしたくなることがありますが、本人が考えている場合は、言葉が出てくるのを待つことも大切です。

　4つめは、自分が状況を理解したくて質問をしている自分に気づくことです。マネジャーが、質問をしている自分自身を時折モニターして、自分は何のために質問をしようとしているのかに目を向けると、自分が質問しようとしている動機や意図に気づけます。自分が知るための問いかけをしている自分に気づくことができれば、本人が考えるための問いかけに変えて、関わり方を修正できます。

　もちろん、問題が起こり、それをマネジャーが自分の上司に報告するために、あるいは、顧客に説明するために、状況を把握するために質問する場合は、マネジャーは状況をしっかりと把握する必要があります。その場合は、尋ねる側が知るための問いかけをしていきます。何のために尋ねるのかによって、問いかけの仕方も変わってきます。

・質問による関わりを実践してみてください。そのうえで、図表
　3-4のスキルや姿勢について、その実践の中でどのような質問を
　したのかを、中央の欄に記入してください。さらに、他の質問の
　仕方や、部下の考えをより引き出すための質問の仕方を右の欄に
　記入してみましょう。

質問する関わり：ふりかえりシート

質問するスキルや姿勢	実践の中でどのような質問を実際にしましたか？	他の質問の仕方や、部下の考えをさらに引き出すための質問は？
本人が考えたいことを扱う		
短く、シンプルに尋ねる		
否定せずに聴く		
自分の考えは脇に置く		
行動の自己決定を導く		
実行に必要なサポートを尋ねる		

・質問による関わりがうまくなるためには、質問のバリエーション
　を増やすことが大切です。上のふりかえりシートを使ってふりか
　えりを行い、実践→ふりかえり→実践（新しい質問を試みる）→
　ふりかえり→実践を繰り返すことで、経験学習に取り組んでみま
　しょう。

第Ⅲ章　部下との1対1の関わり

Ⅲ-3 | 対話的に伝える関わり

　マネジャーであるあなたが、部下が気づいていない問題や、部下が思い至っていない解決法をわかっている場合、それを伝えることが有効な場合が多いです。しかし、伝えたり、教えたりする行為には落とし穴があります。それは、①マネジャーである自分の考えが正しいと思って部下に押し付けること、②部下が自ら考えることをやめて受け身になること、③対話を通してともに学ぶチャンスがなくなること、です。

　部下が自分で考え、自分で行動を計画することをめざしながら、マネジャーの考えを伝えていくためには、対話的に伝える関わりが必要とされます。要は、言いっぱなしにならず、話し合いを通して一緒に考える対話をすることです。ともに考える対話を通して、部下だけでなく、マネジャー自身も部下から教えられて学ぶことがあり得ます。そうなると、2人のやりとりは「内省的な対話」のレベルになってきます。

　では、対話的に伝える関わりの例を見ていきましょう。Ⅲ-2で紹介した会話について、部下⑦までは同じやりとりがなされてきて、途中（マネジャー⑦）から、マネジャーが対話的に伝える関わりをしている例を見ていきます。

　部下⑦：納期を守れないということは二度としたくないです、だから、納期の2日前ぐらいにリマインドのメールを送って催促するようにします。

　マネジャー⑦：それは相手にもこちらの状況が伝わるね。ただ、2日前にリマインドメールを送っても、向こうの段取りもあるから、急ぎで対応してもらえないかもしれない。最初にこちらのスケジュール感を伝えることが必要だと思うけど、どう？

　部下⑧：確かに、自分はスケジュールがわかっているけれ

ど、先方には伝わってなかったです。

マネジャー⑧：あと、内線で一言スケジュールを伝えたり、リマインドをして、直接話すことも必要かも。

部下⑨：奥川さん、集中している時に電話をかけられるのが嫌みたいで、メールやチャットの方が性に合うみたいです。

マネジャー⑨：そうか、そういうデジタルのコミュニケーションの方が得意な人もいるのかも。自分の感性はまだまだデジタル時代に対応しきれていないなぁ（笑）。

部下⑩：（笑）では、奥川さんには、最初に依頼する時に、こちらのスケジュールと締め切りを明示してメールで連絡するようにします。

この例について、図表3-5で挙げた、対話的に関わる伝え方のスキルと姿勢と照らし合わせながら検討していきます。

まず、部下が自分で考えた行動を言った（部下⑦）後に、［適切なタ

図表3-5 対話的に伝える関わり

対話的に伝えるスキルや姿勢	内容
適切なタイミング	部下が自分の考えや行動計画を言った後、または、部下がわからないと言った後に、自分の考えや意見を伝える
コンパクトに伝える	長々と話すのではなく、短い発言をして、会話のターン（発言者の交代）を多くする
伝えた後に質問して反応をもらう	言いっぱなしにならず、伝えた後に「どう思うか」を質問して、相手が考えていることを言ってもらい、それを傾聴する
内省的な対話をこころがける	自分の考えや意見の前提を内省しながら、対話していく

イミング〕で自分の考えを伝えています（マネジャー⑦）。自分の考え
を伝える時は、長々と話すのではなく、〔コンパクトに伝える〕ことを
意識しています。そして、マネジャー⑦の最後に「どう？」と尋ねて
〔伝えた後に質問して反応をもらう〕ことで、言いっぱなしにならず
に、部下⑧が考えていることを引き出しています。

　マネジャー⑧では、さらに自分の考えを伝えましたが、それはこの
ケースには合わなかったようで、〔内省的な対話をこころがける〕こと
で、デジタル時代に対応しきれていない自分の感性に気づきます。マネ
ジャーだから正解がわかっている、という訳ではありません。対話を通
してマネジャーもともに学ぶことが、マネジャーの自己成長につながり
ます。

　対話の中で伝える、ともに学ぶ、という関わり方のイメージがもてま
したか？　皆さんが若い頃に上司から言われた伝え方とはかなり違うの
で、違和感があるかもしれません。要は、言いっぱなしにならない、対
話していくんだ、という姿勢が大事なのです。

COLUMN 3

上司と部下の役割の分断：教育学者フレイレの主張

　マネジャーは、部下に対して教えること（ティーチング）が必要
な場面があります。私たちは、マネジャーが教える人、部下が教え
られる人、というイメージをもっていませんか？　フィードバック
についても同じことが言えるかもしれません。つまり、マネジャー
が部下にフィードバックをする（マネジャーはフィードバックをす
る人、部下はフィードバックを受ける人）という認識です。これ
は、私たちが役割で人を分断して捉えていることの表れです。

　このことについて、教育における対話を重視した、ブラジルの教
育学者パウロ・フレイレが興味深いことを言っています。

　　　対話をとおして、生徒の教師、教師の生徒といった関係は存

在しなくなり、新しいことば、すなわち、生徒であると同時に教師であるような生徒と、教師であると同時に生徒であるような教師が登場してくる。教師はもはや単なる教える者ではなく、生徒と対話を交わしあうなかで教えられる者にもなる。生徒もまた、教えられると同時に教えるのである。かれらは、すべてが成長する過程にたいして共同で責任を負うようになる。
（フレイレ, 1979, p.81）

　フレイレの言葉の中に、教師＝教える人、生徒＝教えられる人、という固定された関係ではなく、教師は教えると同時に教えられ、生徒は教えられると同時に教えるという、ともに学ぶ関係が描かれています。そして、学ぶ過程においてともに責任を負う、つまり、一方が依存したり、受け身になったり、相手のせいにしない姿勢が強調されています。ここでは教師と生徒の間に役割の分断（二分化）がありません。

　上司と部下の関係においても、同じことが言えるのではないでしょうか？　マネジャーが、部下をエンパワーするとともに自らも学ぶことをめざすなら、Ⅲ-3のやりとりの例のように、マネジャーが教えるとともに部下から教えられることが起こります。つまり、教える人と教えられる人という分断がありません。マネジャーが自分の考えを伝え、部下がそれに対する自分の考えを伝えて対話していき、どちらが正しいかを「討論」するのではなく、ともに考えていくことで、「内省的な対話」になっていきます。

　上司が指示して部下が実行する場合、部下が受け身になること、部下が自ら考えて自己決定する力が育まれないこと、そして、失敗すると指示した上司の責任だと部下が考えること、などの弊害があります。つまり、フレイレが指摘する「共同で責任を負う」関係にはなりません。質問による関わりでは、部下が行動を自己決定していましたが、その関わりでもマネジャーも共同で責任を負っています。マネジャーは、部下が自ら考える場を創るという責任と、実行

をサポートする責任を担っています。実行をサポートする責任を果たすために、[実行に必要なサポートを尋ねる]質問を最後にしているのです。

・対話の中で伝える関わりを実践してみてください。そのうえで、図表3-5のスキルや姿勢について、その実践の中でどのような伝え方をしたのかを、中央の欄に記入してください。さらに、他の伝え方やより効果的な対話の仕方を右の欄に記入してください。

対話的に伝える関わり：ふりかえりシート

対話的に伝えるスキルや姿勢	実践の中でどのような伝え方を実際にしましたか？	他の伝え方やより効果的な対話の仕方は？
適切なタイミングを見定める		
コンパクトに伝える		
伝えた後に質問して反応をもらう		
内省的な対話をこころがける		

・対話的に伝えることによる関わりがうまくなるためには、どのように伝えていくか、どのタイミングで伝えていくかのバリエーションを増やすことが大切です。上のふりかえりシートを使ってふりかえりを行い、実践→ふりかえり→実践（新しい質問を試みる）→ふりかえり→実践を繰り返すことで、経験学習に取り組んでください。

Ⅲ-4 | フィードバックによる関わり

　部下との1対1の関わりでの3つめに考えていくのは、フィードバックする力です。フィードバックについては、気づきと成長のために必須であることをⅡ-2で紹介してきました。Ⅱ-2では、マネジャーが部下からもフィードバックをもらうことを中心に考えてきましたが、ここではマネジャーから部下へのフィードバックについて検討していきましょう。

　フィードバックは自分に対する評価が伝えられることだと感じている人が多いようです。たとえば、年1回の上司による評価面談で、「あなたは年間目標に達していない」、「あなたは仕事の進捗が遅い」などと評価の結果が伝えられることを、フィードバックだとイメージしているのかもしれません。しかし、本来のフィードバックは、Ⅱ-2のジョハリの窓について紹介したように、相手の行動によって自分の中で起こった

図表3-6 フィードバックによる関わり

フィードバックのスキルや姿勢	内容
よい影響にも焦点づける	その人の行動でプラスの影響があったことやうまくいったことにも焦点づける（問題やネガティブな影響だけに焦点づけない）
適切なタイミング	（可能ならば）できる限り早いタイミング、ただし、相手が落ち着いてフィードバックを受け入れることができる時、（望ましいのは）相手がフィードバックをほしいと思っている時
SBIで伝える	S（situation）どのような状況での、B（behavior）その人のどのような行動が、I（impact）私やグループにどのような影響を与えたかを具体的に伝える
私メッセージ	私はこう感じた、私にはこのように見えた、と私の責任で伝える（あなたは〇〇だ、とその人を主語にしない）
伝えた後に確認する	フィードバックをした後に、伝わったかどうかを確認し、フィードバックに対してどのように感じたかを尋ねる

影響を、私メッセージで自己開示していくことです。そして、フィードバックは鏡のようなもので、フィードバックがなければ自己認識（自分が他の人に与えている影響に気づくこと）はできません。フィードバックは、部下が経験から学び、成長していくために必要不可欠なものです。もちろん、上司にとっても必要不可欠なものです（これについてはⅡ-2とⅤ-1で述べています）。

では、この章で検討している、マネジャーと部下とのやりとりを再び見ていきましょう。Ⅲ-2で紹介した会話の途中（マネジャー⑦）から、やりとりが変化していくところを挙げていきます。

部下⑦：納期を守れないということは二度としたくないです、だから、納期の2日前ぐらいにリマインドのメールを送って催促するようにします。

マネジャー⑦：それは相手にもこちらの状況が伝わるね。ぜひ試みていってみよう。

部下⑧：はい！　今後やってみます。

マネジャー⑧：ところで、「強く言えないところが自分にはある」、「わがままな奴だと思われたくない」と言っていたけど、そのあたりについてフィードバックをしてもいいかな？

部下⑨：はい、お願いします。

マネジャー⑨：今回納期が遅れた仕事を引き受ける時、同僚の黒山さんが手一杯で、君に引き受けてくださいと頼んで、引き受けてくれたよね。あの時も、強く言えず、しぶしぶ引き受けてくれたように私は感じていました。

部下⑩：はい、確かに、黒山さんも大変で、自分が断るとわがままを言っているようで、自分も手一杯でしたが、引き受けました。

マネジャー⑩：黒山さんの仕事を引き受けた時も、奥川さんに締め切りを強く言えなかった時も、相手の状況を優先して、自分を後回しにして、結果的に自分のキャパを超えているように私には思えます。

部下⑪：確かに…。

マネジャー⑪：私が伝えたフィードバックについてどう感じました？

部下⑫：その通りだなと思います。私は小さい頃から他の人を優先する傾向があって…（やりとりが続く）

　質問による関わりをしてきたマネジャーは、部下⑦が考えた行動計画を聞いたうえで、自分がフィードバックを伝えてもよいかどうかを確認しました（マネジャー⑧）。これは［適切なタイミング］であるかどうかを探るために、部下がフィードバックをほしいと思っているかどうかを確認しています。部下がフィードバックをもらう準備ができている（部下⑨）ことを確認したうえで、マネジャーはどの状況でのその部下のどのような行動が、自分にはどのように見えていたかを［SBIで伝える］を実践して伝えました（マネジャー⑨と⑩）。「私は感じていました」、「私には思えます」と［私メッセージ］で伝えています。マネジャーがフィードバックを伝えた後に、「私が伝えたフィードバックについてどう感じましたか？」と尋ねて、［伝えた後に確認］し、部下⑫で答えてくれたことで、フィードバックが届いていることが確認できています。自分が伝えたフィードバックの影響を尋ねて確認することは、マネジャーが経験から学ぶきっかけにもなります。

　フィードバックをする際に重要な視点は、［よい影響にも焦点づける］ことです。フィードバックは、ネガティブな影響やスパイシーな内容を伝えることだけではありません。むしろ、その人の行動によるよい影響をフィードバックすることで、その行動はさらに強化され、その人が活

き活きと成長していくことにつながります（コラム４参照）。これは、無理に他の人を褒めることではありません。他の人の行動の影響をよく観察して、自分が心から感じた影響を伝えていくことなのです。

ポジティブとネガティブの黄金比

　フレドリクソン（2010）は、繁栄に向かう人とそうではない人を分けるポジティビティ比について紹介しています。それは、ポジティブ感情とネガティブ感情の比率が３：１を超えると、人は繁栄に向かうことがいくつかの研究からわかったと報告しています。そして、ネガティビティ比が０であることは最高の状態ではなく、適切なネガティビティ比が必要であることも指摘しています。もちろん、１：１を下回っている（＝ネガティビティの方が多い）場合は繁栄には向かわず、たとえば、うつ病患者は感情の比率が１：１を下回る、低パフォーマンスのチームは発言内容の比率が１：１に届かない、などの結果を示しています。

　ネガティビティが高い状態では人は繁栄に向かわない、ポジティビティが高いことが繁栄の鍵、ただし、ネガティビティが０の状態もよくない、ということが示唆されます。フィードバックの内容について直接扱った研究ではありませんが、フィードバックによって生じる感情に、この研究の結果が適用できそうです。

・対話の中で伝える関わりを実践してみてください。そのうえで、図表3-6のスキルや姿勢について、その実践の中でどのような伝え方をしたのかを、中央の欄に記入してください。さらに、他の伝え方やより効果的な対話の仕方を右の欄に記入してください。

フィードバックによる関わり：ふりかえりシート

スキルや姿勢	実践の中でどのようにフィードバックをしましたか？	より効果的なフィードバックをするためには？
よい影響にも焦点づける		
適切なタイミング		
SBIで伝える		
私メッセージ		
伝えた後に確認する		

・フィードバックをうまく伝えることができるようになるためには、実践の中での練習が必要です。上のふりかえりシートを使ってふりかえりを行い、実践→ふりかえり→実践（新しいフィードバックの仕方を試みる）→ふりかえり→実践を繰り返すことで、経験学習に取り組むことをお薦めします。

Ⅲ-5 マネジャーと部下による 1on1ミーティング

　この節では、マネジャーと部下が1対1で対話する方法である、1on1 ミーティングについて紹介していきます。1on1 ミーティングは、日本ではヤフー株式会社で行われ、脚光を浴びるようになった方法です（詳しくは、本間，2017; 本間・吉澤，2020を参照してください）。1on1 ミーティングの進め方について本間氏は、「決まった流儀などない」と言い切っています。各社でどのような目的で行うかを明確にすることが重要で（本間・吉澤，2020）、目的が見定められることで進め方を考える必要があります。1on1 ミーティングの一般的な目的として、本間・吉澤が挙げている6つを図表3-7に示しました。

　各社での1on1 ミーティングの目的をどのように設定するか、についてですが、1on1を実施することが先に決まっていて、その目的を考えるという発想自体がおかしな話です。本来の順番は、社内に上司と部下の間に何らかの課題があったとして、それはどのような課題や問題なのかを把握することからです。そして、課題として挙げられた、上司－部下の関係を解決するために、マネジャーにどのような役割を担ってもらうか（＝マネジャーの役割の定義）の検討がなされる必要があります。

　たとえば、部下のモチベーションを高めるのが上司の役割だと定義されたとします。すると、上司の役割を発揮するために、何を目的として、どのような方法を実施していくかを検討することになります。部下

図表3-7 1on1ミーティングの一般的な目的（本間・吉澤，2020）

・部下との信頼関係を構築する
・部下の経験学習を促進する
・ホウレンソウの機会とする
・フィードバックとそこからの学びを得る
・部下のモチベーションを高める
・意思決定に必要な組織の情報を得る

のモチベーションを高めることを目的とした1on1ミーティングを導入する、ということが決まり、1on1ミーティングの進め方が検討される、という順で考えていく必要があります。

　ところが、1on1ミーティングの効果を聞きつけた経営層から、「1on1ミーティングを我が社に導入しなさい」というオーダーが人事部などに来て、1on1ミーティングの導入ありきで実施している企業が非常に多いのが現状です。本来の思考の順とは逆なのです。

　本書は現場のマネジャー向けなので、「全社導入の手順について説法されても困る、会社からやれと言われて、やらないといけないから、うまく進める方法を知りたいんだ！」という声が読者の皆さんから聞こえてきそうです。現場のマネジャーが職場づくりに向けて、自分の権限内で進めていける、効果的な1on1ミーティングの進め方について以下で検討していきます。

（1）1on1ミーティングの目的の確認

　会社からの指示で1on1ミーティングを行う場合、何のために1on1ミーティングを行うのかという目的を確認しましょう。そのうえで、部下に目的を共有し、何のために1on1ミーティングをするのかを部下との間で握ります。会社から指示された目的にプラスする形で、自分の職場や課、部の実情に合わせて、目的をくわえることも可能です。たとえば、会社から1on1ミーティングの目的は「信頼関係の構築」と設定されていたとします。くわえて、自分の部下には20代の若い社員がいて、部下のキャリア計画を部下とともに考えることが自分の役割として求められていたとします。その場合、「信頼関係の構築」という目的とともに、「キャリア計画をともに考えることを通してモチベーションを高める」という目的をくわえて、その目的を部下と共有したうえで、1on1ミーティングに取り組んでいくことができます。

　大切なのは、何のために自分は1on1ミーティングを部下とするのか、という目的について、マネジャーがまずは明確にして意味づけをし、それを部下に伝えられることです。

(2) 進め方の部下との共有

　目的が明確になり、部下と共有できたら、次は進め方です。1on1 ミーティングの頻度、1回の時間、アポの入れ方、1on1 ミーティングでの対話の進め方を部下に伝え、共有します。頻度や時間などは、全社で推進されている場合は、会社からの指示があると思います。

　1on1 ミーティングでの対話の進め方ですが、これは目的に従うので、1つの進め方がノウハウとしてある、という訳ではないです。その一方で、どのような目的であろうと、共通している進め方が1つだけあります。それは、対話をすることです。「儀礼的な会話」や「討論」ではなく、対話をするという姿勢が大切になります。そのためにマネジャーは、この章で考えてきた、「質問による関わり」や「対話的に伝える関わり」を自然体で行っていきます。型にはまったスキルを行おうとすると、不自然になり、部下に見透かされます。1on1 ミーティングは組織の日常の中の1つの場なので、かしこまったり、型通りに行おうとしても、長続きしません。ともに考え、対話するやりとりを自然に行っていきます。1on1 ミーティングの目的が「フィードバックを通して学ぶ」も含まれているなら、Ⅲ-4の「フィードバックによる関わり」も話し合いの一部で試みていきます。

　1on1 ミーティングを効果的に実施していくためのポイントは、1on1 ミーティングでのジョハリの窓（p.48）の「開放」領域を広げていくことです。1on1 ミーティングの中で起こっていたプロセスに気づき、「開放」領域を広げていくために、部下から1on1 ミーティングの進め方についてのフィードバックをもらうことができます。その方法は簡単です。1on1 ミーティングの終わりかけに、数分間を使って、「今日の1on1 はどうでした？　私の聞き方や関わり方で気づいたことがあったらフィードバックください」と尋ねます。最初から本音のフィードバックをもらえる訳ではないかもしれませんが、マネジャーが本当に知りたいと思って尋ねていると部下が感じれば、正直なフィードバックがもらえるようになっていきます。

上司と部下の関係や関わりは、ハイフェッツの言う「適応課題」の要素が多分にあります。つまり、すでにあるノウハウを実施することで解決する「技術的問題」ではない、ということです。1on1ミーティングは魔法のノウハウではありません。上司と部下が1対1で対話する場についての名称であり、その場を意味あるものになるかどうかは、対話を通した探究と学習が必要とされます。

テレワークコラム

 テレワークと1on1ミーティング

　テレワーク化で、マネジャーと部下が離れた場所で仕事をすることにより、マネジャーと部下との間にどのような問題が起こっているのでしょうか？　調査の結果からは、業務の指示ややりとりに支障があると感じているという傾向が伺えます。たとえば、パーソル総合研究所が2020年11月に行った調査では、テレワークを実施している人の3割近くが「業務上の指示ややりとりに支障がある」と感じているという結果が報告されています（パーソル総合研究所, 2020b）。また、パーソルプロセス＆テクノロジーによる調査では、管理職は部下への指示出しや進捗確認にやりにくさを感じている人が5割近くいることを明らかにしています（パーソルプロセス＆テクノロジー、2020）。

　そのような状況の中、マネジャーと部下が1on1ミーティングをオンラインで行うことで、業務上の指示や進捗を確認し、部下の状況をマネジャーが知る場を定期的にもつことが可能になります。対面で1on1ミーティングを実施していた人たちは、テレワークとなった後も1on1を継続し、対面とオンラインでの進め方での違いはあまり感じていないこと、そして、テレワークでの1on1は部下の状況をより知ることができるというメリットがある、という声を聞きます。

　ちなみに、マイクロソフト社が2020年6月に、1on1ミーティン

グの効果を示す調査結果を公表しました（シンガー＝ベルシュ・シャーマン・アンダーソン, 2020：ハーバードビジネスレビューに収録）。マイクロソフト社員への調査データを分析した結果から、以下のことが判明しました。①在宅勤務での労働時間は全体として増えていました。②マネジャーとの1on1ミーティングの時間が長い従業員（平均：30分／週）の労働時間は、1on1の時間が短い従業員（平均：15分／週）の労働時間に比べて、増加分が少ないという結果でした。つまり、1on1ミーティングを多くしている従業員の方が短い人たちに比べて、労働時間の増加を抑制できていることが示されており、マネジャーによる1on1ミーティングは在宅勤務時間の延長防止に役立っていることが明らかになったのです。その理由として、1on1ミーティングでマネジャーが部下の優先順位判断や時間の確保を支援したからだと考察されています。

　このように、テレワークにおける1on1ミーティングの効果は調査結果でも明らかにされています。

・1on1ミーティングを自ら実施しようとする場合、または、会社から実施するように指示があった場合、1on1ミーティングを実施していく目的は何ですか？　何のために行いますか？

　会社から指示されている場合

　　会社から指示された目的：

　　＿＿＿＿＿＿＿＿＿＿＿＿＿＿＿＿＿＿＿＿＿＿＿＿＿＿＿＿＿＿＿

　　（上記に追加して）自職場での目的：

　　＿＿＿＿＿＿＿＿＿＿＿＿＿＿＿＿＿＿＿＿＿＿＿＿＿＿＿＿＿＿＿

　自ら開始しようとしている場合

　　実施していく自職場での目的：

　　＿＿＿＿＿＿＿＿＿＿＿＿＿＿＿＿＿＿＿＿＿＿＿＿＿＿＿＿＿＿＿

・1on1ミーティングを実施した際に、部下からフィードバックをもらいましょう。
　どのようなフィードバックをもらいましたか？

＿＿＿＿＿＿＿＿＿＿＿＿＿＿＿＿＿＿＿＿＿＿＿＿＿＿＿＿＿＿＿＿＿＿＿

　次に1on1ミーティングを実施する時は、どのような試みやこころがけをしますか？

＿＿＿＿＿＿＿＿＿＿＿＿＿＿＿＿＿＿＿＿＿＿＿＿＿＿＿＿＿＿＿＿＿＿＿

第IV章

チームや職場レベルの関わり

　ここからは、チームや職場レベルで取り組んでいく、職場づくりの方法について紹介していきます。まずは、効果的な話し合いや会議ができるようになるためのファシリテーションについて検討していきます。次に、職場づくりのための特別な時間を確保して、現状に気づき、対話を通してよくしていく方法を、「職場づくりの3ステップ」で紹介していきます。さらに、最近注目されている、強みと未来の可能性に焦点づけた対話のアプローチを考えていきます。

　第III章では、部下が主体的に考えて行動することに向けた、エンパワー型のマネジメントに適している、マネジャーと部下との1対1の関わり方を考えてきました。この第IV章では、チームや職場レベルで話し合いをする際に、マネジャーがどのように関わることができるかに焦点づけていきます。

話し合いや会議での職場づくり

（1）話し合いで起こるプロセス

　皆さんが職場のメンバーと行う会議やミーティングでの話し合いはうまくいっていますか？　メンバーからの意見がたくさん出て、やりとりが活発になり、みんなが納得したうえで決まるような会議になることを望んでいる人は多いと思います。その一方で、現実には、会議で意見が出なかったり、話し合いが活性化しないことで悩んでいるのではないでしょうか？　またはその逆で、意見は出るけれど、なかなか決まらず、苦労されているマネジャーもいらっしゃるかもしれません。

　話し合いを効果的に進めるスキルや考え方が「ファシリテーション」です。ただし、ファシリテーションは広い概念で、「会議ファシリテーション」と言った方が正確です。効果的に話し合いができるようになるためには、話し合いで起こっていること（Ⅱ-1の「プロセス」）に気づくこと、そして、気づいたプロセスに働きかけることが必要です。まず、話し合いで起こるプロセスに気づくための、話し合いを見る視点について検討してきましょう。

　チームや職場のメンバーと話し合いを行う時、そこで話し合われている話題、発言の内容が「コンテント」です（Ⅱ-1参照）。それに対して、お互いの間で起こっていることが「プロセス」でした。プロセスは氷山の水面下にある部分として表しているように、「目に見えにくいもの」です。しかし、見えないわけではありません。図表4-1では、波線で表した水面の上に3つの要素が見え隠れしています。［コミュニケーション］、［意思決定］、［非言語の反応］です。どのようにコミュニケーションをしているのか、どのように決めているのか、どのような非言語の反応（表情やうなずき、動きなど）をしているのか、からプロセスが見えてくることを示しています。

　図表4-1の水面下には、「タスク・プロセス」と「メンテナンス・プ

グループプロセスの諸要素（南山大学人間関係研究センターによる資料を筆者が修正）

コンテント：課題の内容、仕事の内容、会話の内容など（What?）

プロセス：お互いの間で起こっていること（How?）

[コミュニケーション]どのように？
・誰が誰に対して？　・発言の偏りは？
・コミュニケーションのズレは？　・一方通行vs双方向
・言えているか？　聴けているか？
・意味は共有されているか？
・やりとりのレベルは？（Ⅱ-5）
・話されているのはコンテントのみか、プロセスも話されているか？

[意思決定]どのように？
・どのように決めているか
　（暗黙の決定、1人による決定、少数による決定、多数決、コンセンサス：全員の合意）

[非言語の反応]
・メンバーの表情
・反応の仕方
　（うなづき）
・視線や動作

[目標]
・話し合いの目標の明確化と共有化は？（最終的な目標／今取り組んでいること）

[役割]
・メンバーの役割は明確で、共有されているか？
・役割の調整や補完は？

[手順化]
・話し合いの手順や進め方が共有化されているか？
・時間配分の共有は？

[時間管理]
・誰がどのように？
・厳密さは？

リーダーシップ：誰がどのように？
[P機能]（課題達成機能：Performance function）
・新たに始める（口火をきる）　・課題を進める　・意見を伝える
・意見を求める　・アイデアや意見を整理する　・決定を導く？

[規範（ノーム）]
・チームや職場にある、暗黙の決まりごとは？
・暗黙の決まりはどのように影響しているか？

[M機能]（お互いの関係の形成・維持機能：Maintenance function）
・安心・安全の場にする　・他のメンバーの発言や参加を促進する
・受容する、サポートする　・気持ちを表出させる　・雰囲気を和らげる

[雰囲気・風土]
開放的 vs 閉鎖的、楽しい vs 固い、自由 vs 防衛的、ゆるい vs きっちり、など；
誰がその雰囲気を作っているか？　その雰囲気が目標達成や各メンバーにどのように影響しているか？

[全体の関係性]
・信頼関係
・協働関係（⇔個業化）
・切磋琢磨の関係
　（ともに学ぶ関係）
・パワーとコントロール
・依存 vs 相互影響

[個人の内的状態]
・参加の程度、コミットメントの程度
・決定への納得感
・満足度
・気持ち、不安、防衛、欲求など

[対人間の関係性]
・信頼関係
・協働関係（⇔競争関係）
・切磋琢磨の関係
　（ともに学ぶ関係）
・パワーと依存

タスク・プロセス

メンテナンス・プロセス

第Ⅳ章　チームや職場レベルの関わり

ロセス」という2つの側面が描かれています。仕事や業務のタスクをどのように進めているか、という側面が「タスク・プロセス」です。業務をどのように進めているかであり、言い換えると、タスクと人との間で起こっていることです。「タスク・プロセス」には、[目標]、[役割]、[手順化]、[時間管理]という要素が含まれています。

　「タスク・プロセス」の要素について1つずつ見ていきましょう。話し合いが効果的になされるためには、[目標]が明確になっていて共有されていることが重要です。会議が終わるまでに何をともにめざすのか、この話し合いが終わる時にどのような状態になっている必要があるのか、が目標です。人が協働するためには共通の方向性が必要で、同じ方向性を向かなければ人は必然的にバラバラになります。同じ方向を向くことができるためには、目標が明確でメンバー全員に共有されている必要があります。チームや職場のメンバーと何をするにも、目的や目標の共有は協働のための基盤となります（Ⅱ-3の図表2-4に関連）。そのうえで、誰がどのような[役割]をするのか（進行役、記録役、タイムキーパーなど）、どのような進め方と時間配分で話し合いを進めるのか（＝[手順化]）が明確で共有されていると、効果的な話し合いができます。ちなみに、[時間管理]は手順化された各ステップの時間配分が共有されていないと意味はありません。[手順化]で時間配分が共有されることで、予定よりも遅れているかどうかがわかるためです。

　氷山の下側には、[メンテナンス・プロセス]の諸要素が位置付けられています。人と人との間で起こっていることやお互いの関係性が含まれていて、[雰囲気・風土]、[全体の関係性]や[対人間の関係性]、[個人の内的状態]という要素があります。[全体の関係性]や[対人間の関係性]には、Ⅱ-3で触れた関係の3つの段階（信頼関係、協働関係、切磋琢磨の関係）が含まれています。また、「パワーとコントロール」と「依存」は、企業ではよく起こる問題で、マネジャーにとって注意を向ける必要がある側面です。

　氷山の真ん中にはリーダーシップという要素があり、[P機能]と[M機能]の2つがあることが描かれています。チームや職場にはこの2つ

の機能がバランスよく働いていることが必要です。[P機能]は、業務のタスクを推進して達成しようとする動きです（Ⅰ-1「マネジリアル・グリッド」の「業績への関心」とつながっています）。一方の[M機能]は、安心・安全の関係づくりや、構築された関係が維持できるようにする動きです（「人への関心」とつながっています）。ちなみに、この氷山図では、1人がリーダーシップを発揮するとは捉えていません。メンバーも含めて、各自がもつ力を発揮していって他のメンバーやチームに影響していく「分有型リーダーシップ」を想定しています。効果的で活性化した話し合いのためには、マネジャーだけがリーダーシップを発揮するのではなく、全員が各自の力や持ち味を十分に発揮して相互に影響し合う関わり方が大切なのです。

　氷山の真ん中にある[規範（ノーム）]とは、チームや職場の中にある、暗黙の決まりごとのことです。明文化された決まりごとは「ルール」であり、明文化されていないけれど、メンバーの意識や行動に影響している、暗黙の決まりごとが「ノーム」です。ノームの例としては、会議の開始時間にどれくらい遅刻してもよいか、話し合いで沈黙があった時に誰が沈黙を破って発言するか、会議中に携帯電話に出ることが許されているか、オンライン会議でビデオオフやミュートになっているか、オンライン会議でいわゆる"内職"がどれくらい行われているか、などがあります。ノームは関わりの結果として形成され、それがメンバーの行動に影響します。

　以上のように、話し合いの場で起こるプロセスには、さまざまな要素があります。これらのプロセスの諸要素は、話し合いの場だけではなく、グループで一緒に何かをする際にも起こります。なので、グループやチームで人と人とが関わりをする際の視点として汎用的に用いることができます。

　チームや職場で話し合う際に、うまくいっていないプロセスに気づき、働きかけていきますが、そのためにはプロセスに目を向け、気づくことから始まります。自分の意識が100%コンテンツに向いていると、プロセスに気づくことはできません。プロセスに働きかけるファシリ

テーションを行うためには、プロセスにも注目することから始まります。では以下で、話し合いや会議でどのようにプロセスに働きかけていくかを検討していきましょう。

COLUMN 5

プロセスが結果（業績・成果）に影響する

　プロセスに目を向けることが必要なのは、プロセスが業績や成果などの結果に影響するためです。社会心理学者のスタイナーは、グループで課題に取り組む際の生産性について、以下の式を提唱しました。

　　実際の生産性＝潜在的生産性 ─ 欠損プロセスに起因するロス

　グループの実際の生産性は、メンバー1人ひとりがもつ潜在的生産性から、お互いの間で起こるプロセスによるロスを引いたもの、という式で、この考え方は「プロセス・ロス」と呼ばれています。たとえば、会議で話題が違う方向に進んで本題に戻らない（[目標]の共有化の問題によるロス）、次の話に移りたいけれど長々と話している人がいて進めることができない（[手順]の共有化の問題によるロス）、若い人が発言しなくて潜在力が発揮されない（[個人の内的状態]によるロス）、などが欠損プロセスに起因するロスです。潜在的生産性が発揮されて、実際の生産性が上がるためには、ロスが少ない効果的で健全なプロセスが必要とされることを示しています。プロセス・ロスを低めるための方法が、以下で紹介していくファシリテーションや、職場づくりの3ステップです。

　ちなみに、スタイナーはその後、「プロセス・ロス」だけではなく、「プロセス・ゲイン」も起こるとして、上記の式に組み込みました。「プロセス・ゲイン」とは、グループの中でのシナジー（相乗効果）によって、メンバーの潜在力の総和である潜在的生産性を

超えて、さらに実際の生産性が高まるという考え方です。たとえば、「生成的な対話」をすることで、その前には誰も考えなかった創造的なアイデアが生まれる、お互いに相互に切磋琢磨し合うことで動機づけが高まって大きな成果が達成できる、などが「プロセス・ゲイン」の例です。

・会議の中であなたが、コンテントとプロセスにどれくらい目を向けているかを考えてみましょう。マネジャーである限りは、会議で部下が発言する内容や決定事項などのコンテントに責任があるので、話し合いで起こるプロセスだけを注目する訳にはいきません。一方で、コンテントに100%意識が向いていると、プロセスに気づくことはできません。

あなたが進行をした、最近の会議を1つ、取り上げてください。その全時間の中であなたは、約何割の時間をコンテントについて考えていましたか？　約何割の時間をプロセス（「タスク・プロセス」と「メンテナンス・プロセス」）に目を向けていましたか？　おおよそで割合（0〜10の数値）を下線部に入れてみてください。

> コンテント：約＿＿＿割
> プロセス　タスク・プロセス：約＿＿＿割
> 　　　　　メンテナンス・プロセス：約＿＿＿割

・あなたがめざしたい、理想的な割合を以下に記入してください。

> コンテント：約＿＿＿割
> プロセス　タスク・プロセス：約＿＿＿割
> 　　　　　メンテナンス・プロセス：約＿＿＿割

その理想に向けて、話し合いや会議の中で、あなたは今後どのようなことをこころがけたいですか？

(2) プロセスに働きかけるファシリテーション

　以下では、会議やミーティングをより効果的にしていくために、マネジャーがファシリテーターとなって、会議で起こるプロセスに働きかけていくことを考えていきます。最近は「ファシリテーター」という言葉がメジャーになってきました。その一方で、司会進行＝ファシリテーターと捉えられている傾向もあります。会議がより効果的になるためには、プロセス・ロス（コラム5参照）がなくなり、プロセス・ゲインが増す必要があります。そして、そのためにはプロセスに働きかけることが必須です。ただ単に進行しているだけでは、プロセス・ロスはなくなりません（うまくない進行だと、かえってプロセス・ロスが増えます）。司会進行とは異なることを強調するために、本書では「プロセスに働きかけるファシリテーション」と呼んでいきます。

　プロセスに働きかけるファシリテーションの前提は、氷山の水面下で起こっているプロセスを話し合いのテーブルの上に乗せ、プロセスについて話すことで、プロセス・ロスが減り、プロセス・ゲインが増えるという考え方です。業務上のコンテンツだけではなく、プロセスについても話題にして共有すること（＝ジョハリの窓でいう「開放」領域にすること：Ⅱ-2参照）がポイントになります。

　この点について、グループやチームがより効果的になるための働きかけの研究と実践を行ったレディは、図表4-2にある「70：15：15」という比率を提唱しました（レディ, 2018; 原版は1995）。この比率は、彼のコンサルティング実践の経験から導き出されたものです。話し合いの中でコンテンツ100％になると、プロセスで起こっている、うまくいっていないこと（＝プロセス・ロス）や、うまくいっていること（＝プロセス・ゲイン）が共有されません。コンテンツについての話し合いをしながら、同時に効果的なプロセスが生まれるようにするためには、話されることの3割はプロセスについて取り扱うことが必要、というのがレディの主張です。

　全体の3割をプロセスについて話すために、タスク・プロセスとメン

図表4-2 コンテント／タスク・プロセス／メンテナンス・プロセスへの焦点づけのバランス（レディ, 2018）

テナンス・プロセスに光を当て、働きかけていく流れを図表4-3に示しました。図表4-3はレディ（2018）がベースになっています。レディが提唱した手法は、外部コンサルタントによるプロセスへの働きかけを前提にしています。本書では、マネジャーがファシリテーターとしてプロセスに働きかけていくことを前提としているので、レディが提唱した手法をマネジャーが実践する形に筆者が修正しました。図表4-3では、ファシリテーター（＝マネジャー）が働きかける段階として、［事前の準備］（図表上は［基盤づくり］に一部包含）、［基盤づくり］、［「今ここ」のプロセスに働きかける］、［クロージング］の4つを想定しています。以下では段階ごとに、ファシリテーターとしてのマネジャーによるプロセスへの働きかけを検討していきましょう。

a. 事前の準備

　会議やミーティングをより効果的にしていくための取り組みは、会議開始前の事前の準備から始まります。それは［会議の目的］をマネジャーの中で明確にすることです。今回の会議に何のために（対面またはオンラインで）集まっているのかという、人が集まって話し合う意味を言葉にすることで、会議の目的ははっきりしてきます。

　ある部品メーカーで、既存の部品の性能を高めるために、新しい素材を用いて設計も抜本的に変えた、新しい部品を開発するチームを例に挙

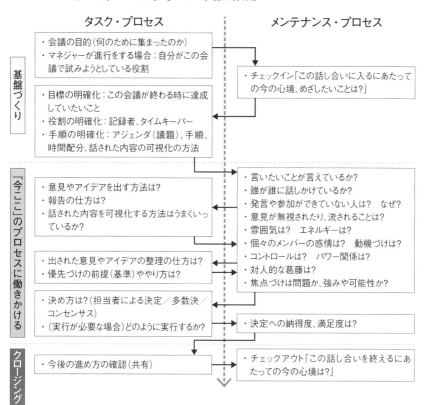

図表4-3 プロセスに働きかけるファシリテーションの流れ
（レディ, 2018を参考にして筆者が作成）

タスク・プロセス　　　　　　　　　　メンテナンス・プロセス

基盤づくり

・会議の目的（何のために集まったのか）
・マネジャーが進行をする場合：自分がこの会議で試みようとしている役割

・チェックイン「この話し合いに入るにあたっての今の心境、めざしたいことは？」

・目標の明確化：この会議が終わる時に達成していたいこと
・役割の明確化：記録者、タイムキーパー
・手順の明確化：アジェンダ（議題）、手順、時間配分、話された内容の可視化の方法

「今ここ」のプロセスに働きかける

・意見やアイデアを出す方法は？
・報告の仕方は？
・話された内容を可視化する方法はうまくいっているか？

・言いたいことが言えているか？
・誰が誰に話しかけているか？
・発言や参加ができていない人は？　なぜ？
・意見が無視されたり、流されることは？
・雰囲気は？　エネルギーは？
・個々のメンバーの感情は？　動機づけは？
・コントロールは？　パワー関係は？
・対人的な葛藤は？
・焦点づけは問題か、強みや可能性か？

・出された意見やアイデアの整理の仕方は？
・優先づけの前提（基準）ややり方は？

・決め方は？（担当者による決定／多数決／コンセンサス）
・（実行が必要な場合）どのように実行するか？

・決定への納得度、満足度は？

クロージング

・今後の進め方の確認（共有）

・チェックアウト「この話し合いを終えるにあたっての今の心境は？」

げていきましょう（p.116〜のＺ課のケース）。新しい部品の開発についての会議は1回で終わるはずもなく、継続的な会議や打ち合わせが必要です。このプロジェクトの目的は、メーカーに購入してもらえる新しい製品を開発すること、そして究極の目的は、それによって使う人たちが便利になったり、生活が豊かになることでしょう（会社のミッションや理念とつながってきます）。

　会議の目的に話を戻しましょう。既存の部品よりも性能がいい、新しい部品を開発するというプロジェクトの目的に向けて、メンバーがバラバラなことに取り組んでいては結果が出ません。どのような素材を使

い、どのような基本設計をしていくかの方向性が定まることによって、チームで協働しながら新しい部品が開発できる可能性が高まります。つまり、「どのような素材を使い、どのような基本設計をしていくかの方向性を定める」ために、人が集まって会議をする、ということになってきます。そして、継続的に行う会議の目的（大目的）が明確になると、直近の会議は何のために行うのかを考えることになります。上の例ならば、今度の会議の目的は「どのような素材を使うかについて方向性を定める」ため、という設定ができます。

　1回の会議の目的を考えるための参考として、職場レベルで行われる会議の6つのタイプを図表4-4に挙げました。

　図表4-4の一番上には「情報共有（連絡）型」があります。人が集まって会議をする意味を考えてみると、単なる情報共有（＝導管型）のためなら非同期型コミュニケーション（メール送信など）で代替でき、人が集まる必要がありません。同期型コミュニケーションである会議を行う限りは、話し合いをする意味や達成したいことがあるはずです。「情報共有（連絡）型」では、マネジャーは社内の指示などの情報を伝えますが、部下に指示を徹底する、理解を求める（＝意味を共有する）、依頼する、上に伝える意見を部下からもらう、などのやりとりが必要だと考えるため、メール送信ではなく、人が集まった場で同期的コミュニケーションをするのです。対面あるいはオンラインで会議を行うことを選択する際には、同期型コミュニケーションを行う意味（メールなどの非同期型コミュニケーションで伝えることを選ばない理由）を考える必要があります。

　会議の目的が明確になったら、次に、その会議での目標を考えることも準備として大切です。会議の目標とは、この会議が終わる時に達成していたい、ゴールイメージのことです。1回の会議で何をめざし、どのようなことを達成した状態で会議を終わりたいのかを明確にするのが、［目標の明確化］です。会議の最初の段階［基盤づくり］でメンバーに投げかけるための目標を自分の中で言葉にします。

　準備としての最後の点は、会議の中でどのような機能を果たすのかを

図表4-4 会議のタイプ（筆者による試論）

会議の タイプ	特徴	情報の元	マネジャー の行動	部下の 行動
情報共有 （連絡）型	社内外の情報をマネジャーが部下に共有する。同時に、部下に指示する、理解してもらう、意見をもらう、などが行われる。	マネジャー	①②	③
情報共有 （進捗・結果報告）型	メンバーが担当する業務について進捗状況または結果が報告される。進捗報告の場合は、メンバーは意見を、マネジャーは意見または指示を出す。	担当者	③②	担当者①、 他のメンバー③
原案提示・承認型	マネジャーまたは担当者が提案し、話し合いを行った後に承認がなされる。	マネジャー 担当者	① ②③④	③⑤ （⑤は承認） ③⑤ （⑤は承認）
拡散型 （アイデア出し）	マネジャーまたは担当者が抱える問題について、意見やアイデアをもらい、マネジャーまたは担当者が持ち帰る（合意しない）。	マネジャー 担当者	①②③ （②は依頼）	担当者①② （②は依頼） 他のメンバー③
拡散・収束型	あるテーマについて、多様な意見やアイデアを出し合い、それらを整理した後に合意・決定する。	テーマ	③④⑤	③④⑤
ふりかえり型	時期またはプロジェクト期間が終わる時に実施、次に向けた行動計画をする場合は⑤も含まれる。	テーマ	③④	③④

（筆者による試案）

注：【行動】①情報を共有する
②指示する・依頼する
③意見・アイデアを出す
④整理する・分析する
⑤決定する・合意する・承認する

イメージすることです。会議の中で果たす機能としては、図表4-4の下に示した①〜⑤以外に、「プロセスに働きかけるファシリテーター」という機能があります。ちなみに、会議の中で、マネジャーは複数の機能を果たすことが多いです（メンバーも同様です）。マネジャーであるあなたが、次の会議で「プロセスに働きかけるファシリテーター」として機能することを選ぶなら、以下の行動をぜひ試みていってください。

さて、連続する会議の最終目的、直近の１回の会議の目的と目標、あなたが果たす機能（プロセスに働きかけるファシリテーター）が、マネジャーであるあなたの中で明確になれば、事前の準備は整いました。次は実際の話し合いの場について考えていくのですが、Ｚ課の会議の具体的なやりとりの例を見ながら、プロセスに働きかけることについて検討していきましょう。

b. 話し合いを始める時：【基盤づくり】

> ### Ｚ課のケース：場面① （基盤づくり）
>
> 　ある部品メーカーで、新しい素材を用いて部品を新たに設計するチームで行われる会議。オンライン会議で行われ、１時間の予定で、マネジャーと部下４名の計５名が参加しています。マネジャーはファシリテーターとして、会議を始めるにあたって［基盤づくり］から取り組みました。
>
> **マネジャー**：今日は集まってくれてありがとう。今日の会議は、新しい部品の開発に向けて、どのような素材を使うかについて方向性を定めるために集まってもらっています。私たちが効果的に話し合えるように、私は話し合いの進め方や私たちの関わり方についても伝え、質問する役割をしていきます。
>
> **メンバー全員**：お願いします。
>
> **マネジャー**：じゃあ、この話し合いに入るにあたっての今の心境やめざしたいことを一言ずつ、順に言っていきましょう。Ａさんからいきますか？
>
> **メンバーＡ**：はい、今日はさっきまで別の会議で、慌ただしい感じですが、気持ちを切り替えて集中していきたいです。今回考える部品は元々私も扱ってきたので、いいものを開発していきたいです。

メンバーB：私はこの新規開発で、何をやっていくかがよくわかっ
ていなくて、今後のイメージがもてたらいいと思っています。

メンバーC：最近ちょっと失敗しちゃって、ちょっと落ち込み気味
なんですが（笑）、このプロジェクトで挽回しようという気持ち
でがんばります！

メンバーD：前の部署で別の部品を開発する時に、いろんな素材の
可能性を考えたことがあって、なので、今日の会議で今後扱って
いく素材が絞れたら、その後どんどん調べていこうと思っていま
す。

マネジャー：みんながどんどんアイデアを出してくれることを願っ
ていて、自分は進行役をしながら、しっかりと聴くことにチャレ
ンジしていきます。Cさん、落ち込み気味か、そうだよね〜。誰
にもミスはあるから、その経験を今後に活かしていこう！

メンバーC：そうですよね〜。

マネジャー：みんな、いろいろあるけど、1時間集中してやってい
きましょう。この会議の目標だけど、会議が終わる時に、検討を
始めていく素材が4つ以下に絞られている、というのはどうです
か？

メンバーD：どうして4つなんですか？

マネジャー：検討を始める素材を1人1つ担当するという感じです。

メンバーD：なるほど、いいと思います。

マネジャー：他の人はOK？（他のメンバーがうなずく）では、会
議が終わる時に素材が4つに絞られていることをめざして話し
合っていきましょう。役割だけど、話し合いの内容をホワイト
ボードに書いてくれる人と、タイムキーパーを決めたいです。

メンバーB：タイムキーパーやります！

メンバーA：タイムキーパー、手が挙がるのが早！　では、私が記録をします。

マネジャー：よろしく。話し合いの進め方だけど、まず、素材の候補をできるだけたくさん出して、それから検討して整理した後に、4つに絞るということでいいかな？

メンバーB：どんな候補が出てくるのか、よくわからないけど、とりあえずついていきます。

他の3人のメンバー：いいです。

マネジャー：時間配分をどうしようか？　残り55分ぐらいだから、15分ぐらい、いろいろな素材の可能性を挙げて、それから25分ほど、設計との関連から候補を整理したり、基準を決めたりしてから、最後の10分ぐらいで4つに絞っていこうか。あ、最後は10分ぐらい、バッファーに残しておこう。

メンバー全員：了解です。

マネジャー：出てきたアイデアを全員が見えるようにしていくといいと思うけど、Bさん（記録係）、どのツールを使っていくといいと思う？

メンバーB：そうですね、いろいろとアイデアが出た後に、整理することになりそうだから、ジャムボード（テレワークコラム11参照）はどうですか？　みんなが自分で書き込めるし。

メンバーD：いいんじゃない。

マネジャー：それじゃあ、Bさん、ジャムボードを設定して、記録の準備をしてくれる？

> メンバーB：はい、準備します。
>
> マネジャー：では、どんな素材が使えそうか、アイデア出しをして
> 　いこうか。（…続く）

　会議を始める時、内容にいきなり入らないことが、効果的な話し合い
をするためのポイントです。なぜならば、本書で繰り返していることで
すが、「人は同じ方向を向かなければ、バラバラになる生きもの」だか
らです。会議で効果的な話し合いをするためには、参加者が同じ方向を
向くための導入が必要です。この会議の導入の段階が「基盤づくり」で
す。

　基盤づくりではまず、マネジャーが事前に考えておいた［会議の目
的］を伝えます。私たちはここに何のために集まっているのかを簡潔に
言うのです。Ｚ課のケースの場合、「この会議には、どのような素材を
使うかについて方向性を定めるために集まっています」などと伝えま
す。そのうえで、［自分がこの会議で試みようとしている役割］を伝え
ます。たとえば、「効果的な話し合いをしたいから、私はファシリテー
ターとして、話し合いがより効果的に進むように働きかけていきま
す」、（ファシリテーターという言葉が共有されていない場合は）「私た
ちが効果的に話し合えるように、私は話し合いの進め方や私たちの関わ
り方にも働きかける役割をしていきます」などと伝えます。

　次に、1人ひとりの気持ちや思い（＝メンテナンス・プロセス）を共
有するために、［チェックイン］をすることが、お互いの今の状態を知
ることにつながります。［チェックイン］では、1人が15〜30秒ほどで
簡潔に、今の心境やこの会議でめざしたいことを言っていき、全員で2
〜3分ほどの時間を取ります。全員がここで声を出すことは、その後の
話し合いが参加型になっていくきっかけになります。また、チェックイ
ンをすることは、Ⅰ-1で紹介した「マネジリアル・グリッド」の「人
への関心」を高めることにつながります。Ｚ課のケースの場面①では、
メンバーＣさんが落ち込み気味であることを伝え、マネジャーがフォ

第Ⅳ章　チームや職場レベルの関わり

ローしています（p.117参照）。

　チェックインをした後は、この会議の［目標の明確化］をします。この会議が終わる時に達成していたいゴールイメージをマネジャーから伝え、それでいいかを確認します。この際、チェックインで語られていた、各メンバーがめざしたいことをマネジャーが聞くことで、事前に想定していた目標を修正して伝えることもできます。この場面①では、「会議が終わる時に、検討を始めていく素材が4つに絞られている」という具体的な目標が確認されました。

　目標が明確になり、メンバーに共有された後に、［役割の明確化］をします。ファシリテーター（または司会、進行）はマネジャーがすることを前提にしているので、記録係とタイムキーパーを誰が担当するかを決めます。もしメンバーが参加型の会議運営やファシリテーターの働きかけについて理解するようになった後は、メンバーが交替にファシリテーターをすることもお勧めです。このケースでは、マネジャーがファシリテーターをすることをすでに宣言しているので、記録係とタイムキーパーを決めています。

　［基盤づくり］の最後は、［手順の明確化］をします。議題（アジェンダ）、手順（議題をどのような順番で話していくか）、時間配分（それぞれの議題にどれくらいの時間をかけるか）、話された内容の可視化の方法です。議題や手順は、マネジャーから提案する場合と、メンバーからアイデアを出してもらう場合があります。場面①ではマネジャーが提案し、メンバーが合意しています。手順が共有されたら、時間配分を考えていきますが、この時間配分がその後の時間管理とつながってきます。時間管理は単に「あと何分です」と言う役割ではありません。想定した時間配分に対して、早く進んでいるか、遅れ気味かを皆に気づいてもらう役割なので、時間管理のためには時間配分が必須です。場面①では、時間配分をマネジャーが提案し、メンバーが合意することで、全員に共有されています。

　［手順の明確化］の最後に、話された内容の可視化の方法も共有します。話された内容をホワイトボードなどに可視化していくことは、今何

を話しているかについて共有ができ、効果的です。ファシリテーターが行う可視化を「ファシリテーション・グラフィック」と言いますが、ファシリテーターをしながらの内容の可視化はスキルが必要で、ファシリテーションの初学者には荷が重いです。そのため、他のメンバーに記録係をしてもらい、その人がホワイトボードなどに話し合いの内容を可視化してもらうのがよいです。場面①では、オンライン会議での、話し合いの内容の可視化をどうするかが話されています。オンライン会議で可視化のツールを選ぶ際には、話し合う内容やどのように整理をしていくかや、記録者がそのツールにある程度慣れているかを考慮して選びます（テレワークコラム11参照）。

　以上が、会議のオープニングで行う［基盤づくり］の段階でした。ちなみに、この基盤づくりでは、図表4-1の氷山図の［目標］［役割］［手順化］［個々のメンバーの内的状態］に光を当てています。図表4-1の氷山図との対応もご覧ください。会議の最初に、タスク・プロセスとメンテナンス・プロセスについて取り扱うことで［基盤づくり］を行い、全員が同じ方向を向くための地固めをします。日頃の会議で、メンバーが長々と話す、話があちこちに飛ぶ、というプロセス・ロスが起こるのは、［基盤づくり］がなされていないために、メンバーが同じ方向を向いていないことが原因である場合も多いです。1時間の会議の場合、この［基盤づくり］に5～10分を費やします。「会議の本題に入る前に、1割以上の時間を使うなんて、時間がもったいない」と思う読者の方も多いかもしれません。基本的な考え方は、すぐに本題に入ると、プロセス・ロスが起こり、結果的に非効率（時間のロス）になる、というものです。「急がば回れ」、会議の最初の数分を［基盤づくり］に充てることで、その後の話し合いが効率的に進む可能性が高まります。

c. 話し合いの途中：［「今ここ」のプロセスに働きかける］

　話し合いの途中では、やりとりの「今ここ」で起こるプロセスに働きかけていきます。その際、図表4-1の氷山図がプロセスを見る視点になります。また、図表4-3の真ん中に示した観点をマネジャーが見ていく

ことになりますが、図表4-3は図表4-4の「原案提示・承認型」や「拡散・収束型」を想定した進め方です。何かを決める会議の場合、よい決定ができるためには、拡散的な思考と収束的な思考の両方が必要です。話し合いの前半で、発想を広げてさまざまなアイデアや意見を出します（拡散的な思考）。さまざまな意見やアイデアが出るためには、多くのメンバーが自由に意見を言えることや、言いたいことが言える安心感が必要であり、メンテナンス・プロセスへの働きかけが大切になります。ちなみに、メンバーの多様性が豊かなほど、拡散的思考ができる可能性が高まります。

　さまざまな意見やアイデアが出た後に、それらを整理し、優先する基準のもとで1つのアイデアに決定していきます（収束的思考）。ここでのタスク・プロセスは、出された意見やアイデアをどのように整理するか、決定に向けてどのような前提や基準から優先づけをするか、どのように決めるか、などの進め方や決め方です。アイデアの整理方法としては、KJ法、2次元マトリックスの分析、ビジネスに使えるフレームワーク、などが考えられます（これらの方法はインターネットで検索して調べることができます）。また、どのような基準から考えることが重要なのかを合意して、その基準からアイデアを位置付けていくことができます。どのように決めるかについては、上記のような論理的分析によって合意していくことができますが、技術的問題（Ⅰ-4参照）ではない場合、人の前提や価値観の違いによって意見が分かれることがあります。意見が割れた場合、マネジャーが決める、担当者が決める、多数決で決める、コンセンサス（全員の合意）で決める、という決め方があります。決め方を合意すると、決定への納得度が高まる可能性があります。

　なお、「今ここ」のプロセスに働きかける時に、ファシリテーターが働きかけをして、それに対するメンバーからの反応が、コンテントが返ってくるのか、プロセスが返ってくるのか、という視点が重要です。

　ここでZ課のケースの場面②、会議の途中でファシリテーターがプロセスに対して働きかけをするシーンを見ていきましょう。

Ｚ課のケース：場面②（「今ここ」のプロセスに働きかける）

　会議が始まってから20分後、Ａさん、Ｃさん、Ｄさんからは活発に意見が出ていますが、記録係であるＢさんは自分のアイデアを一言も言っていません。一瞬の間ができたので、ファシリテーターであるマネジャーは働きかけをしました。

【働きかけ①：コンテントが返ってくる】

マネジャー：Ｂさんの意見はどうですか？

Ｂさん：そうですね、○○（素材の名前）なんかも可能性があると思います。

【働きかけ②：プロセスが返ってくる】

マネジャー：Ｂさんはずっと発言していませんが、自分の中で何が起こっていますか？

Ｂさん：うーん、私はこのチームに来て日も浅く、素材についてよくわからないので、ちょっとついていけてません。

【働きかけ③：自分が気づいていることを伝える】

マネジャー：Ｂさんはずっと意見を言っていませんね。

Ｂさん：はい、言えてません。ちょっとついていけてなくて。（……やりとりが続く）

【働きかけ④：提案する】

マネジャー：Ｂさんは記録係をして余裕がないかも、記録係を交代しますか？

Ｂさん：そうですね、でも、実は素材のことがあまりわかっていなくて、記録係として貢献していきます。

場面②の【働きかけ①】は、意見やアイデアの内容（＝コンテント）を尋ねています。そうすると、Bさんからはアイデア（＝コンテント）が返ってきますが、氷山の水面下で起こっているプロセスは見えないままです。

　【働きかけ②】は、「自分の中で何が起こっていますか？」と問いかけています。この質問は、読者の皆さんにとって馴染みがない問いかけかもしれません。他には、「どんなことを感じていますか？」、「どんな状態ですか？」、「今の心境（感情、気持ち）は？」などと尋ねる選択肢があります。話している内容（＝コンテント）に焦点づけるのではなく、人に焦点づけて声かけをするのです。

　プロセスに働きかけるには、質問する、自分が気づいていることを伝える、提案する、という、大きく分けて3つの働きかけの仕方があります。【働きかけ③】はファシリテーターが気づいていることを伝える例です。その場で起こっていることをそのまま伝えるのです。そして、Bさんがついていけていないのはなぜか、どうしていきたいか、などのメンテナンス・プロセスのやりとりをしていきます。

　提案する例が【働きかけ④】です。ファシリテーターがBさんに記録係の交代を提案しています。Bさんからは記録係を続けたいという返答があり、役割はそのままでよいということが確認できました。

　話し合いの中で起こるプロセスに働きかけるのは、このように言えばよいという決まりや正解がありません。図表4-1の氷山図を意識しながら、お互いの間で起こっているプロセスに目を向け、気づいて働きかけるという動きをします。そのため、この力は経験から学ぶことで高めていくことが必要です。

d. 話し合いを終える時：[クロージング]

　話し合いを終える段階である［クロージング］では、次の会議までの進め方（手順）の確認とチェックアウトを行います。［今後の進め方の確認］をしては、次の会議まで、または、いつまでに誰が何をするのかを明確にして共有します。これは、会議で決まったことが実行されるた

めに大切なステップです。会議の最後には、［チェックアウト］として、「この話し合いを終えるにあたっての今の心境は？」と問いかけて、1人一言（30秒ほど）を順に言っていきます。マネジャーも最後に伝えます。このチェックアウトを通して、1人ひとりの今の感情、会議中にその人の中で起こっていたこと、会議をどのように見ていたか、この会議を受けて今後どうしていきたいか、などが語られます。全員で2〜3分という短い時間ですが、人への関心を向ける機会となるので、時間があるなら試みてみることをお勧めします。

セルフ・リフレクション

・ファシリテーションを実践した体験から学んだこと、今後に活かしていきたいことを記入してみましょう。

ファシリテーションを実践して、あなたがプロセスに働きかけた、印象な場面を1つ取り上げてください。

・どのような場面で、どのような働きかけを行いましたか？（具体的な声かけ）

_____

・それに対してグループやメンバーにどのような影響がありましたか？

_____

同じ場面での、他の働きかけや声かけの可能性（選択肢）は？
（たとえば、質問したとしたら、自分が気づいていることを伝える場合、提案する場合、といった、異なるタイプの働きかけをする伝え方を記入してください）

_____

Ⅳ-2 │ 職場づくりの3ステップ

　Ⅳ-1では、会議やミーティングでの話し合いで起こるプロセスをよくしていく働きかけについて考えてきました。これは、会議やミーティングなどの日常業務の中で職場づくりに取り組むアプローチでした。ここからは、職場づくりのために特別な場を設けて、チームや職場をよりよくしていくための取り組み方を考えていきます。

　職場づくりのための基本的な3ステップを図表4-5に示しました。これは、中原・中村（2018）で紹介されている、組織開発の基本的な3ステップの進め方です。組織開発をチームや職場で進めるのが職場づくりですので、その進め方の発想は組織開発と同じです。

　最初のステップは「見える化」です。職場の現状や、職場で起こっているプロセスを皆で見えるように共有していきます。この「見える化」は、サーベイ（職場や組織についての調査）の結果を用いることもあれば、サーベイの結果を用いずにメンバー各自の見方を出していくこともあります。メンバー各自の見方を出していく場合、同じように捉えている人がいたり、違う見方をしている人がいたりします。「人は意味づけをする生きもの」なので、同じ現状を見ていても、各自が違った捉え方や意味づけをしている表われで、見方が違っていても自然なことです。

　次が「ガチ対話」というステップです。現状について、何について問題だと感じているのか、自分は日頃どのように感じていて、どのように意味づけているかを伝え、自分事として対話していきます。ここでは「内省的な対話」をめざします。そして、対話を通して皆が同じ問題認識をもてたら、「未来づくり」のステップに入ってきます。

　「未来づくり」では、現状での問題が解消された未来に向けて、どのような状態をめざし、そのために何に取り組んでいくか（アクションプラン）について対話し、アクションプランを実行していきます。ここでは「生成的な対話」を基本的にはめざします。一方で、アクションプランが決まらない場合、全員の意見が一致しなくても最後は決めることが

図表4-5 職場づくり（チームや職場での組織開発）の３つのステップ

重要だとされています（中原, 2020の第4章を参照してください）。

　では以下で、職場づくりの3ステップを具体的にどのように進めるのかについて、5種類の方法を取り上げ、紹介していきます。1つめは、メンタルヘルスの取り組みとして行われている「職場ドック」です。2つめは、ふりかえりの手法として有名な「KPT」（「ケプト」と読みます）です。3つめは、KPTを応用したもので、筆者が本書で提案する「ウノ・ジリア」法です。4つめは、サーベイ（アンケート調査）の結果を用いて対話する、「フィードバック・ミーティング」と呼ばれている、伝統的な組織開発の進め方です。5つめは、「GRPIモデル」という枠組みを用いて、事前ヒアリングを行ったうえで3ステップを進めていく方法を紹介していきます。

　方法をご紹介する前に、読者の皆さんにご理解いただきたいことがあります。Ⅰ-5で考えてきたように、職場の中の関係性やお互いの間で起こっているプロセスの諸問題は、「適応課題」であることが多いため、既存のノウハウをそのまま当てはめても解決できないことが多いです。「はじめに」でも書きましたが、筆者はこれまで本などで具体的なノウハウをあまり紹介してきませんでした。「技術的問題」の解決策の

ようにノウハウをそのまま実施しても、うまくいかないと考えていたためです。その一方で、現場のマネジャーが職場づくりに取り組みたいと思っていても、対話の場をどのように創ればいいかがわからないと、対話を始めることができません。そのため、既存のノウハウは対話の場を創るためのヒントとしてお伝えした方がよいと考えるようになりました。しかし、ノウハウを使えば必ず職場が変わる、便利なツールという訳ではありません。マネジャーの皆さんが対話の場の中で、本書で紹介している「質問する」や「対話的に伝える」を実践して、部下の皆さんと対話し、よくしていくためにどうしていくかをともに考え、実践いただくことが重要です。また、話し合いの場で起こるプロセスに働きかけるファシリテーションもうまくいくための鍵となります。以下で紹介している方法が"正解"ではないので、実践を通して、自分なりに修正し、カスタマイズしていってください。

(1) 職場ドック

「職場ドック」は、仕事のストレスを改善するための「いきいき職場づくり」の方法として、県などの公務員組織を中心に広く実施されている取り組みです。メンタルヘルス対策（特にストレスチェック制度とその対策）のツールとして、アクションチェックリストやグループワークのツールが公開されています。ここでは、職場ドックの進め方に基づきながら、職場づくりの3ステップを行うための進め方を紹介していきます。

「職場ドック」は、人が定期的に人間ドックで体のメンテナンスをするように、職場を自分たちで定期的に点検する取り組みです。県の公務員組織などで、さまざまな職場に対して実施され、職場単位で、職場のよい点や改善点の話し合いが行われます。その際、職場の同僚の半数以上が参加できる日時に設定されます。そして、アクションチェックリストや良好事例集などのツールが活用されます。良好事例集とは、既に実施された職場改善の良好な事例を、職場ドックの導入時に全員が見て、よい取り組みに投票する方法です。これにより、職場ドックと職場改善

図表4-6 「職場ドック」

⓪	・事前準備　アクションチェックリストの記入
①	・導入（5分）
②	・「うまくいっている点3つ」の共有 ・（最低5分：グループの人数によって変動）
③	・「改善したい点3つ」の共有 ・（最低5分：グループの人数によって変動）
④	・優先したい「改善したい点」を絞る話し合い ・（15分程度）
⑤	・全体共有（複数のグループがある場合） ・（最低10分：グループ数によって変動）
⑥	・「アクションプラン」の話し合い（最低15分）

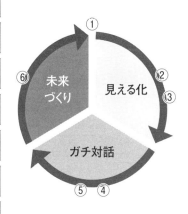

（吉川・小木（2015）を参考に、組織開発を目的とした職場づくり用に筆者が修正）

のイメージを参加者がもつことができます。アクションチェックリスト
は、職場環境に関するさまざまな項目について事前にチェックするもの
です。多くの場合、職場ドックは研修を受けた職場ドック担当者によっ
て実施されます。

　本書が想定している職場づくりは、職場ごとで行い、職場のメンバー
全員が参加し、マネジャーが進めることを想定しています。また、メン
タルヘルスに影響する職場環境を取り扱うだけでなく、職場で人と人と
の間で起こっているプロセスに光を当てます。そのため、アクション
チェックリストは、吉川・小木（2015）を参考にしながら、Ⅲ-1のプ
ロセスの諸要素を盛り込んで、筆者が独自に作成しました。また、組織
全体で取り組むのではなく、職場ごとの実施を想定しているため、良好
事例集については割愛しています。さらに、以下では「職場ドック」と
いうネーミングで紹介していきますが、ネーミングは参加者の第一印象
に大きなインパクトを与えます。たとえば、吉川（2018）は「いきいき
ワーク」という名称を提唱しています。職場づくりのための対話の場の

第Ⅳ章　チームや職場レベルの関わり

図表4-7　アクションチェックリスト

　人が定期的に人間ドックを受けて、自分の体を点検し、体質改善に取り組むように、職場も定期的に皆で点検して改善に取り組むと、職場の体質（風土）がよくなっていくことにつながります。「職場ドック」の話し合いの事前準備として、職場をよくするための以下の改善策や行動についてチェックをしてください。

・以下の取り組みや行動について、ある程度うまくいっている、今のままでよいと思う場合は、□うまくいっているに☑を付けてください。
・改善した方がいい、これから改善したいと思う場合は、「□改善したい」に☑を付けてください。
・このチェックリストにはない項目で、行った方がいいと考える改善策がある場合は、一番下の欄に加筆してください。
　（当日、この用紙に書いた内容について話し合います。この用紙を提出したり、他の人に見せることはないので、事前に日頃をふりかえり、考えるために自分用として記入してください）

業務の進め方（目標・役割・手順など）		
1	職場の将来計画や今後の見通しについて、いつも共有されるように伝えること／尋ねること	□うまくいっている □改善したい
2	チームや職場の共通の目標を全員で共有して、意識しながら仕事ができるよう工夫すること	□うまくいっている □改善したい
3	チームとしてどのような関わりをめざすかの目標が共有されるように取り組むこと	□うまくいっている □改善したい
4	特定の個人に業務が集中しないように、業務分担や業務量の調整をすること／依頼すること	□うまくいっている □改善したい
5	各自担当する業務を抱え込まずに助け合えるような連携や協力ができるように取り組み、伝え合い、共有の場をつくること	□うまくいっている □改善したい
6	職場内の問題や業務上の困りごとを報告し合い、相談しやすいように、打ち合わせやITツールを活用すること	□うまくいっている □改善したい
7	業務の進め方に不具合がある場合に改善策の話し合いができるように取り組むこと	□うまくいっている □改善したい
8	他部署（他のチーム、課、部）との連携がうまく機能するように工夫し、発信や共有をすること	□うまくいっている □改善したい
9	会議が効果的になるよう、アジェンダ（議題）設定、進め方、時間管理、意思決定の仕方に働きかけること	□うまくいっている □改善したい
10	上（またはマネジャー）の決定に対して納得感がもて、実行できるよう、決定の過程や理由を共有すること／尋ねること	□うまくいっている □改善したい
関わり方・人間関係		
11	会議で活発な意見が出て、活き活きとした話し合いができるように、発言し、意見を求め、働きかけること	□うまくいっている □改善したい

12	会議で皆が納得した決定をして、それを実行できるよう、決定の仕方に留意すること	☐うまくいっている ☐改善したい
13	メンバー間のコミュニケーションが頻繁に取れるように、日頃から声かけをすること	☐うまくいっている ☐改善したい
14	職場に活き活きとした雰囲気が生まれ、仕事へのモチベーションが高まるよう、働きかけること	☐うまくいっている ☐改善したい
15	職場内でお互いに助け合う雰囲気が生まれるよう、感謝を伝える、雑談をする、懇親の機会をもつなど工夫すること	☐うまくいっている ☐改善したい
16	多様なメンバー（若年、高齢、女性、パート、障がいなど）が尊重される働きやすい職場にすること	☐うまくいっている ☐改善したい
17	学校、育児、介護などの個人の状況に応じて、勤務調整ができるようにすること／働きかけること	☐うまくいっている ☐改善したい
18	自分のキャリアや成長を考える場や教育の場を確保すること／積極的に取り組むこと	☐うまくいっている ☐改善したい
19	マネジャーとメンバーがさらにコミュニケーションを取れるような機会をもつことや、声かけをすること	☐うまくいっている ☐改善したい
20	マネジャーはメンバーの業務を支援し、相談に乗ること／メンバーはマネジャーに支援を求めて相談すること	☐うまくいっている ☐改善したい
その他、提案したい改善点があれば、以下に追加してください		
21		☐改善したい
22		☐改善したい

チェックリストの記入後、職場のうまくいっている点を3つ、改善点を3つ、挙げてください。項目番号を書き、その取り組みや行動を（短めで大丈夫なので）記入してください。

うまくいっている点3つ	例：7 改善策の話し合いをしている
	1
	2
	3

改善したい点3つ	例：15 雑談や懇親の機会をもつ
	1
	2
	3

出典：吉川徹・小木和孝編（2015）『メンタルヘルスに役立つ職場ドック』労働科学研究所　を参考に、筆者が一部加筆修正

第Ⅳ章　チームや職場レベルの関わり

ネーミングは、職場や参加者の状況に合わせてお考えください。

　職場ドックは、職場のメンバーが集まり、60分間で行われます。職場のメンバー全員が1つのグループとして話し合うことが理想的ですが、60分という短時間で行うこともあり、メンバーが7人以上の場合は小グループに分かれます。時間の関係で、1つのグループは5〜6人程度が望ましいですが、それ以上の人数でも全員で1つのグループで話し合うことに意味があると考えた場合は、時間を長めに確保したうえで、1つのグループで対話することを選択できます。

　話し合いは導入を含めて6段階です。②と③が「見える化」、④と⑤が「ガチ対話」、⑥が「未来づくり」に対応します。

　⓪【事前準備】：職場ドックの日程が決まったら、ねらい、進め方の概要を参加者に伝えるとともに、事前に図表4-7「アクションチェックリスト」に記入して、当日持参するように伝えます。その際に、記入シートは提出の必要がないこと、他の人に見せることはないこと、記入したことを話し合いの当日に口頭で話すこと、を伝えます。

　①【導入】：ねらいと進め方、マネジャーとしての意図や思いを伝えます。チェックインとして「今日のこの話し合いに入るにあたっての今の心境」というテーマで一言ずつ共有することもお勧めです。その後、小グループ編成にする場合は、小グループに分かれます。

　②【「うまくいっている点3つ」の共有】：グループで最初に記録係を決めます。次に、事前記入をしてきた「アクションチェックリスト」の一番下の左側の欄、「うまくいっている点3つ」に各自が記入したことをグループ内で順に共有します。記録係は挙げられた項目について、項目番号とその内容を簡単にメモします。全員が共有したら、記録係がメモした項目番号をカウントして、挙げられた数が多い順にベスト3を図表4-8「話し合い用ワークシート」の【職場のよい点】に記入していきます。複数グループの場合は短めに発表して共有します。この段階の時

【職場のよい点】
職場でうまくいっていることやよい点として挙げられた、ベスト3を挙げてください。

	例：7 改善策の話し合いをしている
1	
2	
3	

【職場の改善点】
職場で、さらに効果的に話し合い、ともに働くために、優先して改善していきたい点
2つを挙げてください。

	例：チーム制が機能している
1	
2	

〈複数のグループがある場合は、この後に発表をします。【職場の改善点】2つを発表する人を決めてください〉
優先して改善していきたい点2つが絞られてから、以下の話し合いをします（以下の記入はその後にします）。

間の目安は最低10分です（1つのグループの人数によって変動します）。

③【「改善したい点3つ」の共有】：「アクションチェックリスト」の一番下の右側の欄、「改善したい点」3つをグループ内で順に共有します。記録係は挙げられた点を簡単にメモします。この共有は5分程度です。

④【優先したい「改善したい点」を絞る話し合い】：挙げられた「改善したい点」について、優先して皆で改善していきたい点を話し合いま

す。現状をどのように見ているのか、お互いの感じ方や捉え方の違いについても対話しながら、優先して改善していきたい点2つを合意します。この話し合いは15分程度です。話し合いで時間内に決まらなければ、個人で2つ投票し、投票数が多かったものを2つ選択します。そして、「話し合いワークシート」の【職場の改善点】の欄に優先して改善していきたい点2つを記入します。

⑤【全体共有】：複数の小グループがある場合に、ここで全体共有をします。優先して改善していきたい点が3つ以上挙がった場合は、2つに絞るか（その場合は絞られた2つについてアクションプランを考えます）、全ての点についてグループが分担してアクションプランを考えていくかについて合意します。この段階は10分程度です。なお、1つのグループで行っている場合は、⑤の段階は実施しません。

⑥【「アクションプラン」の話し合い】：優先して改善していきたい点2つのそれぞれについて、図表4-9「アクションプラン・シート」を使いながら、小グループで話し合い、決定された取り組みや行動を具体的にシートに記入します。複数のグループの場合は全体で共有します。この段階は15分程度です。この話し合いが終了した以降、日常の中でア

図表4-9 アクションプラン・シート

【職場をさらによくしていくためのアクションプラン】
優先的に取り組んでいく改善点として焦点づけられた2つについて、どのような取り組みや行動を行っていくかを話し合い、以下に記入してください。

	誰が　何を　どのように　いつまでに
1	
2	

※職場ドックの具体的な取り組みは、「労働の科学」2016年7月号が参考になります。
https://www.isl.or.jp/service/publishing/jDs98dLs7BN9z7/%E5%8A%B4%E5%83%8D%E3%81%AE%E7%A7%91%E5%AD%A6_71-7_web.pdf

クションプランの実行をマネジャーがフォローし、サポートしていきます。

　人間ドックを定期的に受けるように、この職場ドックの対話の場も定期的にもつことが推奨されています。職場で起こっているプロセスをよくしていくサイクルを定期的に回すことを通して、自己革新力をもつチームや職場に変化していくのです。

(2) KPT

　プロジェクトのふりかえり手法として有名なのが「KPT（ケプト）」です。Keep（続けるべきこと）、Problem（抱えている問題）、Try（次にトライしたいこと）の3つの側面を話し合いながら、課題に対処していく方法です。アジャイルソフトウエア開発コンサルタントのアリスター・コーバーンが提唱する方法が原型となり（天野, 2013）、ふりかえりの手法として日本で2005年頃から「KPT」という名前で用いられ始めたものです。

　「KPT」では、Keep（よかったこと、今後も続けること）、Problem（困ったこと、問題点）、Try（今後の活動で試したいこと）の3つの視点でふりかえっていきます（図表4-10参照）。

　この3つの枠組みを用いながら、7つのステップで進めていくことを天野（2013）が提唱しています。図表4-11には、7つのステップに導入をくわえたものを示しました。ちなみに、「KPT」は定期的に繰り返し、1〜2週間の短いサイクルで行っていくことが前提となっています。

　①【導入】：ふりかえりを行うねらい（目的）、時間、グラウンドルールをマネジャーが伝え、メンバーと共有します。時間としては、天野（2013）が30分（ざっくりバージョン）、60分（しっかりバージョン）、2時間（じっくりバージョン）を紹介していますので、そちらを参考になさってください。本書では75〜90分を想定して、その時間配分を図

図表4-10 「KPT（Keep/Problem/Try）」の枠組み（天野, 2013）

【K】 Keep よかったこと、今後も続けること	【T】 Try 今後の活動で試したいこと
【P】 Problem 困ったこと、問題点	

表4-11に示しました。グラウンドルールは、積極的に話す、簡潔に話す、最後まで聴く、個人攻撃をしない、などが考えられますが、職場のメンバーの状況に合わせて設定していきます。

②【活動を思い出す】：どのプロジェクトや活動をテーマとするかを確認します。そして、そのテーマについて何をしてきたかを思い出します。2回目以降の場合は、前回KPTを実施した際に【T】「試すこと」として決まったこととその結果を思い出します。

③【Keep：うまくいった行動を確認する】：Keep（よかったこと、今後も続けること）の行動を1人ひとりが付箋に記入します。ホワイトボードなどに図表4-10のKPTの枠組みを大きく書きます。そして【K】Keepの枠の中に付箋を貼っていきます。その際、天野（2013）は、1人が1枚を貼って説明をして、他の人が似ているものを近くに貼ることを推奨しています。その後、Keepの枠に貼られた付箋を全員で整理します。

④【Problem：問題を洗い出す】：困っていること、問題点、不満に

図表4-11 「KPT」の進め方（天野、2013を参考）と３ステップとの対応
　　　　　　（所要時間は筆者による）

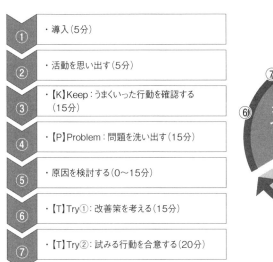
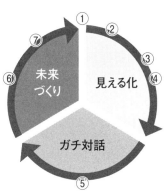

感じていることを付箋に1人ひとりが記入します。そして、ホワイト
ボードなどに書かれた枠組みの【P】Problemの枠の中に付箋を貼って
いきます（Keep同様、1人が1枚を貼り、他の人が似ている付箋をその
近くに貼る形で、付箋を出していきます）。その後、Problemの枠に貼
られた付箋を整理します。

　⑤【原因を検討する】：Keepがなぜうまくいっているのか、どのよう
な原因でProblemが起こっているのかを話し合います。このステップに
どれくらい時間をかけるかは、全体の時間枠によって変わってきます。
また、焦点づけるテーマによってもこのステップにかける時間が変わっ
てきます。根深い問題を考える時やいつも陥ってしまう自分たちの関わ
り方や業務の進め方のパターンを考える場合は、じっくりと時間をかけ
る必要があります。

⑥【Try①：改善策を考える】：個人記入を2段階で行います。まず、【K】Keepをよりよくする行動、【P】Problemを改善する行動として付箋に1人ひとりが書きます。くわえて、【KやP以外の試したいことを考える】として、KeepやProblemとは関係ないが、よりよくしていくための行動も付箋に書き出します。そして、個人が書いた付箋を、ホワイトボードなどに書かれた枠組みの【T】Tryの枠の中に貼っていきます。天野（2013）は、Tryを貼る際に、どのKeepやProblemに対するTryであるかがわかるように、Tryの付箋の横にKeepやProblemの付箋を移動させることを推奨しています。Tryの付箋がすべて出されたら整理をします。

⑦【Try②：試みる行動を合意する】：挙がっているTryの中から実際に試していくことを選びます。試していくことを行動（アクション）に落とし込み、その行動や取り組みの主責任者を合意します。

「KPT」についてさらに詳しく知りたい方は、天野（2013）をご参照ください。進め方の留意点や時間配分などが詳しく紹介されています。

ちなみに、テレワークの際に、オンラインで付箋を使いながら「KPT」や他の方法を実施する際は、Googleが提供する「ジャムボード」を用いるのが便利です（テレワークコラム11参照）。

テレワークコラム

 11　オンライン上で付箋を使う

　「KPT」では付箋を使っていきますが、「KPT」や他の方法で付箋を用いる場合は、Googleが提供する「ジャムボード」が使いやすいです。個人で付箋に記入する時間には、1人ひとりが自分のPC上でWordに入力を行います。また、共有する画面としてジャムボード上にKPTの3つの枠を作成しておきます。次に、付箋を順に出していく際に、Wordで書いたものをコピー＆ペーストして、

ジャムボードの付箋に貼り付け、出していきます。ジャムボードの「共有」を「リンクを知っているインターネット上の全員が編集できます」に設定しておくと、全員が付箋に書き込むことや、付箋を動かすことができます。

　なお、付箋を出す際は、対面の場合もオンラインの場合も、参加者全員が常にアクティブな状態、つまり、いつでも発言できる状態になっていることが重要です。1人が長く話し続け、他の人が聞いている状態は一方通行のコミュニケーションであり、聞く側の集中力は下がっていきます。常にアクティブな状態にするために、天野（2013）が提唱しているように、付箋を出す際は1人がすべての付箋を説明しながら一度に出すのではなく、まず1人が1枚の付箋を出して、似ている付箋を他のメンバーが出していくという形で進めることが必要です。また、雑音が入らないようなら、全員がマイクのミュートを解除して、いつでも話すことができるようにすることも意味があります。

(3) KPTを応用した「ウノ・ジリア」法

　上で紹介した「KPT」は、ふりかえりのための簡便な枠組みで、取り組みや行動に焦点づけて、続けること、新しく始めることを考えることに適しています。一方で、「KPT」では「ガチ対話」をどれくらい深く行っていくかに自由度があります。行動レベルに焦点づける場合は「ガチ対話」が省略されることもあり、その場合は、なぜそのような現状になっているのか、1人ひとりがどのように感じているのかは共有されません。そこで本書では、「KPT」をベースにしながら、「ガチ対話」をするフェーズを入れた、組織開発の発想に基づいた職場づくりの方法として、筆者が独自に考案した進め方を以下で提案します。

　その進め方は、各フェーズの日本語の最初の文字を並べて「ウノ・ジリア」法と名付けました（図表4-12を参照してください）。

　「ウ」が「うまくいっていること」、「ノ」が「伸びしろ」で、ここま

図表4-12 「ウノ・ジリア」法の枠組み

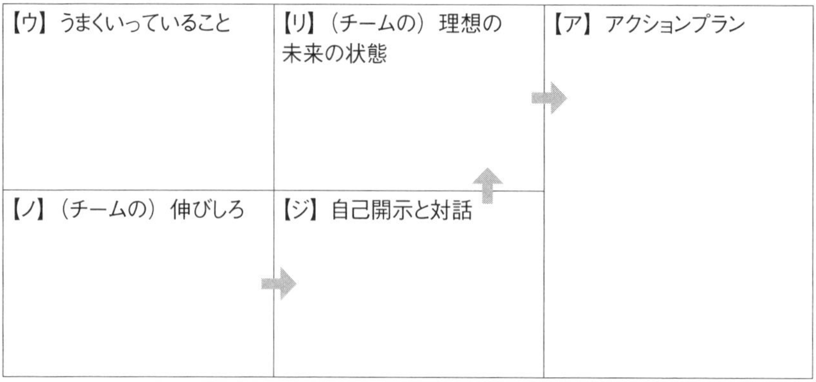

【ウ】うまくいっていること	【リ】（チームの）理想の未来の状態	【ア】アクションプラン
【ノ】（チームの）伸びしろ	【ジ】自己開示と対話	

でが「見える化」のフェーズです。次の「ジ」が自己開示と対話で、ここが「ガチ対話」のフェーズです。さらに、「リ」が「理想の未来の状態」、「ア」が「アクションプラン」で、「未来づくり」のフェーズに対応しています。

　この枠組みは、チームや職場で対話を行うことを想定していて、同じチームや職場で働く11名程度以下の場合に実施が可能です。12名以上の場合は小グループに分けた方が対話しやすいです。時間は計2時間から2時間半を想定しています。

　まず、マネジャーが実施を決め、メンバーに実施するねらいを伝えるとともに、話し合いの時間を設定します。当日、マネジャーはこの話し合いを進行しながら、参加者として自分の見方も伝えていきます。ただし、各フェーズで最後にマネジャーが伝えるのがよいです。必要なものは、対面ならば大き目の付箋とホワイトボード、オンラインならば「ジャムボード」がお薦めです。進め方を図表4-13に示しました。

　①【導入】：マネジャーから、ねらいと進め方を伝えます。ねらいは、「チームや職場の現状での課題の認識を合わせ、めざしたい状態を合意し、アクションプランを決める」などが想定できますが、マネジャーがチームや職場の現状に合わせて、自分の言葉にして明示するこ

図表4-13 「ウノ・ジリア」法の進め方（この例は計2時間30分）

① ・導入（10分）

② ・個人記入（10分）

③ ・「ウノ」の共有
・（「ウ：うまくいっていること」と「ノ：伸びしろ」の共有）
・（最低20分間：人数によって変動）

④ ・「ノ：伸びしろ」の焦点づけ（20分程度）
・休憩（10分）

⑤ ・「ジ：自己開示と対話」（最低30分）

⑥ ・「リ：理想的な未来の状態」（25分）

⑦ ・「ア：アクションプラン」（20分）

⑧ ・クロージング（5分）

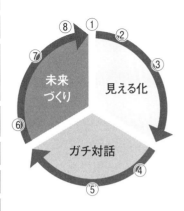

とが大切です。その際、マネジャーの日頃からの思いや意図（正直な思いを伝えてほしいなど）も共有します。その後、「今日のこの対話に入るにあたっての今の心境は？」と問いかけて、順に1人一言ずつ声を出してもらいます（チェックイン）。マネジャーも自分の正直な心境を話すことがお薦めです。この段階の目安は10分です。

②【個人記入】：「ウ：チームや職場でうまくいっていること」、「ノ：チームや職場での伸びしろ」を各自それぞれ2〜3枚程度、付箋に記入してもらいます。付箋には右下に名前も書いてもらいます。オンラインの場合は、あとでジャムボードにコピペできるようにWordなどに箇条書きで入力してもらいます。この段階の目安は10分です。

③【「ウノ」の共有】：「ウ：うまくいっていること」を1人ひとり順に付箋を読み上げながら、出してもらいます。ホワイトボードなどに付箋を貼る時は、同じ人のものを横に並べます（この段階で似ているもの

を近くに貼る必要はありません）。マネジャーは最後に出します。次に、「ノ：伸びしろ」について、先ほどの順番で1人ひとり付箋を読み上げながら、出してもらいます。時間の目安は20分ですが、人数によって変動します。

　④【「ノ：伸びしろ」の焦点づけ】：話し合いをしながら、「伸びしろ」として貼られた付箋を、似たものを近くに動かして分類します。分類されたまとまりについて、日頃から気になっていることはどれかを各自が伝え、これ以降の段階で焦点づけることを1つに絞ります。1つに絞ることが難しい場合、2つに焦点づけることとして（3つ以上に焦点づけると、③以降の対話で話し合いが拡散するため、避けた方がいいです）、他のものは後日話し合いをするかを決めます。時間の目安は20分程度です。

　⑤【ジ：自己開示と対話】：最初に対話のグラウンドルールを伝えます。グラウンドルールの例としては、言いたくないことは言わなくてよい、チームや職場をよくすることに向けて内省的に考える、他のメンバーの自己開示をよく聞き、否定せずに受け止める、他のメンバーを責めない、解決策はこの後で考える、などが考えられます。チームや職場の現状に合わせてグラウンドルールを修正することが大切です。そして、焦点づけられた「伸びしろ」について、日頃自分自身がどのように感じているか、自分の中で何が起こっているかを、可能なことのみ自己開示していきます。聴き手は否定せずに受け止め、聴いて今ここで感じた気持ちや気づきを返す、「内省的な対話」をこころがけます。この段階では、どのように改善するかなどの解決策に話が進まないように留意し、解決策に話が進んだら「それは最後の「ア：アクションプラン」の段階で考えましょう」と伝えて、話を戻します。この段階の時間の目安は最低30分です。

　⑥【リ：理想的な未来の状態】：自己開示と対話を受けて、チームや

職場のめざす状態について対話を通して考えます。まず、ペアで以下の質問について、1人が尋ね、1人が答えます。「タイムマシンに乗って、1年後の私たちを見に行くことができました。そこでは、先ほど話していた私たちの課題が解消されて、協働して効果的に仕事をし、話し合いをしている、理想的な私たちがいました。それはどのような状態ですか？」

ペアで5分聞き合った後に、それを聞き手が他のメンバーに共有します。次に、共有で出てきた理想的な未来の状態を1つの文章にします。その状態を見るとワクワクするような、「私たちは○年○月に□□の状態になっています」という1文を皆で創ります。時間の目安は25分程度です。

⑦【ア：アクションプラン】：⑥で文章化した「理想的な未来の状態」になっていくための取り組みや行動のアイデアを出します。ともにめざす未来が実現するように「生成的な対話」をこころがけます。そして、アクションプランを決定します。その際に、決定された取り組みについて、誰が始めるかも決めます。時間の目安は20分程度です。

⑧【クロージング】：「今日の対話を終えるにあたっての一言」を尋ね、1人ずつ順に短めに今の心境、気づきや今後に向けてなどを伝えます。最後にマネジャーが自分の心境とメンバーへの感謝を伝え、対話を終了します。

マネジャーがこの対話を進める際に、特に留意する点としては、以下の3つがあります。1つめは、「ジ：自己開示と対話」でマネジャー自身の関わり方の影響が語られるかもしれません。その時は、言ってくれる勇気に感謝して、言い訳をせずに受け止め、自分自身も学び変わろうとする姿勢が大切です。2つめはアクションプランが実行されるよう、この対話が終わった後にも働きかけることです。「理想的な未来の状態」と「アクションプラン」を可視化して、職場に掲示したり、会議の最初

に言及して「今日の会議でもめざしていきましょう」と伝えるなどです。

　他の方法にも同じことが言えますが、アクションプランの実行を推進し、フォローやサポートするのはマネジャーの役割です。「やりなさい」と伝えると指示命令（＝コントロール）をすることになり、対話を通して折角メンバーとともに決めたことが台無しになってしまいます。「私たちがともに決めたことを、ぜひ実行していきましょう」と背中を押す姿勢で、自分も含めた皆の行動を促進してきましょう。そして、自らが率先してアクションプラン（特に行動やこころがけ）を実行していくことが大切です。

(4)　サーベイの結果を用いて対話する

　サーベイとは、組織の中で行われる調査のことです。職場や組織の状態を測定する調査にはさまざまなものがあります。ES（従業員満足度）調査、風土や活性力の調査、ストレスチェック、エンゲージメント・サーベイ、モチベーション・サーベイなどです。

　その調査の結果は、読者の皆さんの会社ではどのように使われているでしょうか？　経営層や人事が今後の施策に利用している（結果はマネジャーや現場には報告されない）、マネジャーには結果が通達される（結果に対する改善計画をマネジャーが提出を求められる場合も多いようです）など、運用の仕方はさまざまです。中には、各部や各課の結果（平均値）が全社に公表されるという、通知票のような使い方がなされている会社もあります（外資系企業はその傾向があるようです）。

　組織開発では、サーベイの結果を職場に返して、職場のメンバーが結果をきっかけにして話し合う方法が伝統的に行われてきました。チームや職場についての結果を当事者に知らせて、当事者同士で対話して、アクションプランを考えてもらうという方法です。このような調査の結果をもとにチームや職場のメンバーで話し合う場は「フィードバック・ミーティング」と呼ばれてきました。調査の結果は答えた人のためにあり、当人たちによる、当人たちのための話し合いを、調査結果を用いて

行っていくのです。この方法は、職場や組織が変わるための調査結果の活用の仕方として、最もパワフルで効果的です。

　マネジャーである読者の皆さんがもし、自分の職場の調査結果を自分が見て、部下には見せていなかった場合、または、部下には見せていたけれど結果についての話し合いをしていなかった場合は、部下とともに「フィードバック・ミーティング」を行うことが、調査結果の新たな活用方法になっていきます。これからのマネジャーは、すでにあるデータを有効活用する力も必要とされます、ぜひ、新境地を開いていってください。では、サーベイの結果を用いた、「フィードバック・ミーティング」の具体的な進め方（図表4-14参照）を見ていきましょう。

　①【導入】：マネジャーから、ねらいと進め方（時間配分）を伝えます。ねらいは、「チーム（職場）の○○を高めていくことに向けて、対話を通して現状を共有し、ともに取り組むことを合意する」などが考えられます。ちなみに、○○のところには、サーベイが測定している側面が入ります。たとえば、職場活性度調査なら「私たちがさらに活き活きと働き、関わることができることに向けて」、「チーム（職場）をさらに活性化していくことに向けて」などとねらいを設定します。ねらいを伝えた後に、進め方と時間配分について図表4-14を見せながら共有します。

　その後、「チェックイン」として「今日のフィードバック・ミーティングに入るにあたっての今の心境を一言」と尋ね、1人ずつ順に短めに心境を伝えてもらいます。全員がここで声を発することが大切です。マネジャーもここで自分の心境を伝えますが、「上（または人事）からやれと言われたから、仕方なくやっている」などと、後ろ向きで受け身なことを言わない方がいいです。マネジャーがやらされ感を感じていると、メンバーはさらにやらされ感をもちます。マネジャーが職場をよくしたいと思わないと、フィードバック・ミーティングは決して成功しません。フィードバック・ミーティングのオーナーは、マネジャーであるあなた自身なのです。

図表4-14 「フィードバック・ミーティング」の進め方（この例は計90分）

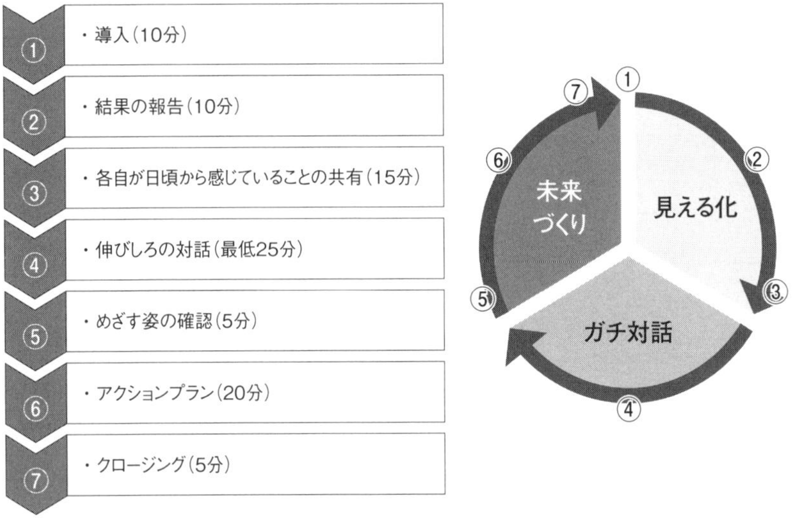

① ・導入（10分）

② ・結果の報告（10分）

③ ・各自が日頃から感じていることの共有（15分）

④ ・伸びしろの対話（最低25分）

⑤ ・めざす姿の確認（5分）

⑥ ・アクションプラン（20分）

⑦ ・クロージング（5分）

見える化

ガチ対話

未来づくり

　チェックインをした後には、フィードバック・ミーティングのグラウンドルールを伝えます。図表4-15はグラウンドルールの一例です。チームや職場の状況に合わせて、マネジャーがグラウンドルールを修正してください。「技術的問題」の解決をする訳ではないので、フィードバック・ミーティングの進め方も含めて、職場の現状に合わせて修正し、カスタマイズすることが大切です。

　②【結果の報告】：自分たちのチームまたは職場のサーベイ結果を共有します。マネジャーが簡単に説明し、メンバーからの質問があれば尋ねてもらい、マネジャーが答えることができる質問には答えます。

　③【各自が日頃から感じていることの共有】：調査結果をきっかけに、日頃から感じていること、チームや職場の伸びしろ（課題）だと感じていることを、1人ずつ順に言ってもらいます。マネジャーは最後に伝えます。マネジャーまたは記録係が、ホワイトボードなどに1人ひとりが語ったキーワードをメモしていきます。似ている言葉や同じような

図表4-15 フィードバック・ミーティングのグラウンドルールの一例

・誰が低く回答したかを追求しないようにしましょう。
・調査結果は対話のきっかけ、日頃言えていないことを正直に伝え合いましょう。
・他の人の見方を否定せずに、それぞれの見方をお互いに聴き合いましょう。
・他の人や会社を責めるのではなく、自分事として対話しましょう。
・役職にとらわれずに、自分の言葉で語りましょう。
・私たちの課題を見定めて、共有してから、解決策を考えましょう。

課題は近くに書きます。この段階で付箋を用いることも有効です。日頃から感じている伸びしろを付箋1枚につき1つ、1人あたり2〜3枚を書いてもらい、順に出してもらいます。

④【伸びしろの対話】：③で挙げられた、チームや職場の伸びしろについて、何がどのように影響してそのような現状になっているのか、自分の中でどのようなことが起こっているか（日頃自分の中で感じている思い、感情、行動など）について、「内省的な対話」をしていきます。そして、自分たちの根本的な課題は何か、または、優先して対処していく必要がある課題は何かを焦点づけていきます。この対話をしている時に、どのように解決するかという、解決策のアイデアがでることが多いです（私たち人間はどうしても解決策に走る傾向があります）。もしも解決策に話が向かったら、「それはアクションプランのところで話をしますので、まずは現状で何が起こっているかに焦点づけましょう」と伝えて、伸びしろや課題を探究し認識合わせをする対話に戻します。

⑤【めざす姿の確認】：現状での伸びしろや課題について1つに焦点づける（＝同じ図を全員が見る）ことができたら、その伸びしろや課題が、近い将来（半年後、1年後など）どのような状態になることをめざすか（＝めざす姿）を言葉で確認します。多くの場合、めざす姿は課題の裏返した表現になります。たとえば、「仕事が個人商店化していて、助け合いができていない」というのが課題だと焦点づけられたら、「お

第**Ⅳ**章　チームや職場レベルの関わり

互いに業務を助け合っている状態」というのが「めざす姿」です。

⑥【アクションプランづくり】：⑤で確認された「めざす姿」を実現していくことに向けたアクションプランを話し合い、決定します。ともにめざす未来が実現するように「生成的な対話」をこころがけます。そして、アクションプランを決定します。その際に、決定された取り組みについて、誰が始めるかも決めます。時間の目安は20分程度です。

⑦【クロージング】：「今日の話し合いを終えるにあたっての一言」を1人ずつ順に伝えていきます。今の心境、気づきや今後に向けてなどを短めに伝えます。最後にマネジャーが自分の心境とメンバーへの感謝を伝え、フィードバック・ミーティングを終了します。

　このフィードバック・ミーティングで、マネジャーはさまざまな役割を担います。このミーティングを主催するオーナー、進行するファシリテーター、そして、職場の中の1人の人間です。
　オーナーとしてのマネジャーは、職場がよくなって業績が向上するための有効な解決策が決まり、課題が解決することを期待します。そうなると、マネジャーとしての役割が求める課題設定や課題解決策にメンバーを引っ張りたくなります。マネジャーが「こうすべき」と一言伝えると、メンバーは忖度してマネジャーの意向に沿うかもしれません（「儀礼的な会話」になっていきます）。その状態になると、決まったアクションプランが"作らされた"ものとなり、実行される可能性が低くなります。なので、フィードバック・ミーティング中は、マネジャーとしての自分を脇に置き（しばらく手放して）、ファシリテーターとしての自分と1人の人間としての自分に集中しましょう。
　ファシリテーターと職場の中の1人の人間との間は、フィードバック・ミーティング中に行き来をすることが起こります。私はアメリカで組織開発の研修に参加した際に、グループのメンバーの一員としてファシリテーターを行った時、講師から帽子を渡されました。「ファシリ

テーターとして話している時は帽子をかぶりなさい、1人の人間（＝メンバー）として話している時は帽子を取りなさい」と講師から言われたのです。自分がグループに対して感じていることを話している時は帽子を取り、また帽子をかぶり直して全体を見ながら進行する、という体験をしました。マネジャーがフィードバック・ミーティングのファシリテーションをする場合も同じようなことが起こります。職場の中の1人の人間として感じていることを伝える機会は、①のチェックイン、③の自分が日頃から感じていることを伝える場面、⑥のアクションプランでのアイデア、⑦のクロージングの段階にあります。1人の人間としての自分を伝える時は、"帽子を取って"自分の中で起こっていることを正直かつ前向きに発言していくイメージです。ちなみに、前述しましたが、順番としては、メンバーが先に言ってから、マネジャーである自分は最後に伝えるのが望ましいです。

　ファシリテーターとして陥りやすいのは、時間通りに話し合いを進行して、時間内にアクションプランの決定までを完了させたくなることです。特に④【伸びしろの対話】で、焦点づける側面が絞られない時、そして、⑥【アクションプラン】が決まらない時に、ファシリテーターとして焦ります。以下で、それぞれの場面でマネジャーがファシリテーターとしてどのように対処するかを考えていきましょう。

　④【伸びしろの対話】で焦点づける側面が絞れない時は、挙がっている複数の課題のどれもが重要であり、その中の1つの課題に皆のエネルギーが向かわないためかもしれません。複数の課題がどれも重要な場合は、まずはその話し合いで焦点づけること、他のものは別の機会に扱っていくことを提案します。それに合意が得られれば、以下の2つのどちらかで進めることができます。1つめは、緊急度が高いものはどれかを検討し、緊急度が高いものをその日に焦点づけていくことです。2つめは、変えていきたいと思うエネルギーや動機づけの強さから、その日の話し合いで焦点づけることを投票してもらう（アクションプランを考えていきたい側面に対して、ホワイトボード上でチェックを付ける）、そして、多数決で決定していくことです。

第IV章　チームや職場レベルの関わり

大切なのは、すべての課題やのびしろを1回のフィードバック・ミーティングで取り扱おうとせず、継続的に「見える化」→「ガチ対話」→「未来づくり」のステップを回し続けることです。

　⑥【アクションプラン】が決まらないプロセスとして、めざす姿に向けて新たな行動をしたい人と、エネルギーをかけて新しい行動をするのを避けたい人との間で合意できない、ということが起こることがあります。めざす姿に向けて「生成的な対話」をしていくことがこの段階で望ましいのですが、めざす姿に向かおうというエネルギーの違いがある場合は、コンセンサスをめざすと決定の質が下がる（エネルギーが低い人に合わせて決定される）ことが起こります。そのため、エネルギーが高い人（＝めざす姿に向けて新しい行動をしようとしている人）の背中を押し、「まずは試行的に実施していきましょう」、「とりあえずやってみましょう」と伝える働きかけが可能です。

　次のパートでは、アクションプランを考える際の枠組みとして、組織開発でよく用いられる「GRPIモデル」に基づいた進め方を紹介していきます。くわえて、見える化のためのデータを事前にヒアリングで集め、その結果をフィードバックしていく職場づくりの進め方を検討していきます。

COLUMN 6

現状での課題に向き合うアプローチの向き・不向き

　「フィードバック・ミーティング」や（3）で紹介した「ウノ・ジリア」法は、課題解決の発想でデザインされています。チームや職場の伸びしろや課題に焦点づけて、それをよくしていくための解決策を考えていくという流れです。課題や問題に光が当たる話し合いをするのは、しんどさも伴うことがあります。しんどさや向き合い感を少しでも和らげるために、図表4-14などでは、課題や問題という言葉を使わずに「伸びしろ」と表現しています。

　ちなみに、メンバーが課題に向き合うことが可能になるのは、そ

の心の準備ができている時（課題に向き合うエネルギーがある時）、メンバーの中で現状を何とかよくしたいと考えている人がいる時、です。その場合は、本書で紹介している「フィードバック・ミーティング」を実施していくことができます。

　しかし、課題や問題だらけで疲弊している時には、課題に真正面から向き合うことを和らげる方法（（1）の職場ドックが該当します）や、サーベイの結果を報告した後に、うまくいっていることや強みに焦点づける話し合いをデザインすることもできます。強みに焦点づけるアプローチはⅣ-3で紹介します。

(5) GRPIモデルによる職場づくりの３ステップ

　チームの現状を見定めて、よくしていくためにどのような取り組みをしていくのかを考えることができるのが、「GRPIモデル」という枠組みです。このモデルは、チーム・ビルディング（個人の力を発揮して、共通の目標を達成するチームづくり）のさまざまな手法を検討したベックハード（Beckhard, 1972）の研究がもとになっています。その後、このモデルがチームの状態を見定めることに適用する方法に発展しました。まずはこのモデルについて考えていきましょう。

　「GRPIモデル」では、チームのパフォーマンスが上がるために重要な4つの側面を挙げています。その頭文字がGRPIです。図表4-16をご覧ください。G（Goals）がチームの「目標」、R（Roles）が「役割」、P（Procedures）が「手順（仕事の進め方）」、そして、I（Interactions/Relationships）が「関わりや関係性」です。

　チームで活動する際にその根幹となるのは「目標」です。チームの目標やビジョンがどれくらい明確であり、それがメンバーの間でどれくらい共有され、メンバーが自分のこととして当事者意識をどれくらい有しているか、ということがこの側面での課題です。チームがめざしていることが明確ではない場合、各メンバーがめざす目標がバラバラな場合、目標が上から与えられていてメンバーに腹落ちしていない場合は、チー

ムとして協働することが難しくなります。チームづくりにおいて最初に必要となるのは、ともに取り組む目標を明確化し、共有することなのです。

次の側面である「役割」とは、何の仕事を誰がするか、です。目標を達成するために、何に従事することが必要で、それらの仕事をどのように分けるか、誰が何を担当するかが明確か、役割の割り振りは共有されているか、各メンバーの責任や権限は明確で共有されているか、さらに、役割がどれくらい柔軟に互いに相補われているか、仕事が重い人と軽い人がいる場合に調整がなされているか、ということが課題となります。役割分担があいまいな場合は、誰も責任をもたない仕事が多くなります。一方で、役割分担が明確でリジッドな場合は分業化が進み、協働やともに学ぶことが生まれにくくなります。適度な役割や責任の明確化（分業化）とチーム内での共有化、そして、メンバーが互いの役割を相補い調整する柔軟性がチームづくりに必要となります。

「手順（仕事の進め方）」は、チームがどのように仕事を進めるかに関する側面で、仕事の手順は適切か、その手順の明確化や共有化の程度はどうか、チームが話し合いをどのように進めているか、どのように決定をしているか、などが課題となります。業務の流れや連携、会議の進め

図表4-16 GRPIモデル（ベックハード・モデル）

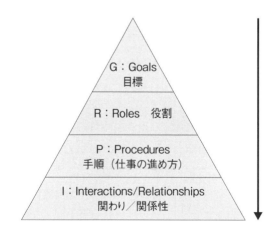

方が適切であり、共有されていると、メンバーの協働性も高まります。

「関わりや関係性」の側面は、メンバー間の関わりで生じる葛藤、対人感情、パーソナリティや価値観の違い、互いの影響関係や気持ちのレベルなど、対人間の関係性に関するものです。チームがうまく機能していない場合、この関係性の問題に焦点が当たることが多いです。このモデルでは、チームづくりのためにこの側面にいきなり焦点づけるのはリスクが大きいとされています。関わりや関係性の問題は、より上位の3つの側面で問題が生じていることが原因となって起こることが多いと、このモデルでは想定しています。たとえば、目標がバラバラなために協力できない、役割の負担感が違うために負担が重い人が軽い人に不満を感じる、などがその例です。そのため、三角形の上から順に課題を見定めて、課題がある場合はその解消に取り組む必要があるとされています。

GRPIモデルを用いた職場づくりの3ステップでは、GRPIモデルを用いて現状での課題を「見える化」し、「ガチ対話」を通してGRPIのどの側面に課題があるかを見定めていきます。そして、「未来づくり」として、見定められた課題を解決するための取り組み（＝アクション）をGRPIモデルの枠組みに基づいて計画し、それを後日実行するという流れです。では以下で、GRPIモデルを用いた職場づくりの進め方を、図表4-17の順にしたがって紹介していきます。

⓪-1【目的と進め方の事前共有】：チームをさらによくするために、GRPIモデルを用いた職場づくりを行うことがよいとマネジャーが判断したら、会議などでメンバーにそれを伝えます。その際、チームをさらによくしていくことが目的であること、チームの現状を把握するために1人ずつ30分ほどヒアリングをさせてもらうこと、その内容を匿名にしたうえでまとめた結果をもとに、みんなで現状について話し合っていくこと、と目的と進め方の概要を共有します。目的と進め方を伝えたうえで、取り組みを進めていく事前の了承を得ます。

図表4-17 GRPIモデルによる職場づくりの3ステップ
（①～④がフィードバック・ミーティング）

⓪-1 ・目的と進め方の事前共有

⓪-2 ・ヒアリングの準備

⓪-3 ・ヒアリングの実施

⓪-4 ・データ分析

⓪-5 ・フィードバック・ミーティングの準備

① ・導入（10分）

② ・結果の報告（10分）

③ ・伸びしろの対話（最低30分）

④ ・めざす姿の確認・クロージング（10分）

⑤ ・アクション計画
　・（フィードバック・ミーティング終了後）

⑥ ・アクション実施（後日）

⑦ ・フォローアップ・ミーティング

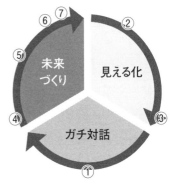

⓪-2【ヒアリングの準備】：ヒアリング項目の作成とヒアリングの時間設定を行います。ヒアリング項目の作成については、項目例を図表4-18に挙げました。重複した項目も掲載しているので、チーム（職場）の状況に合わせて項目を選択してください。また、言葉の表現を職場に合うように修正して、ヒアリング項目を作成します。ヒアリング項目ができたら、ヒアリングシートを作成します。ヒアリングシートとは、項目の下にヒアリング時にメモできる空きスペースがある、1枚の用紙です。それをヒアリングする人数分のコピーを作成します（ヒアリング時のメモ用）。並行して、1対1のヒアリングを実施することに向けて、ヒアリングのための時間設定（1人30分）を行います。ヒアリングはオンラインでも実施可能ですので、お互いに負担がない方法で行います。

GPRIモデルのヒアリング項目例（以下の項目から選び、修正して活用ください）

【全般】
・私たちのチーム（職場）で、うまくいっていることはどんなことですか？
・私たちのチーム（職場）で、伸びしろや課題だと感じることはどんなところですか？

【目標】
・私たちのチーム（職場）の目標はメンバー全員にどの程度腹落ちしていますか？
・私たちのチーム（職場）の目標は何だと思いますか？　それはチーム（職場）でどれくらい共有されていますか？

【役割】
・各自の役割は明確で共有されていますか？　どのような状態ですか？
・私たちのチーム（職場）内の役割の分け方や相互のサポートについて、どのように感じていますか？
・お互いの隙間にあるような仕事にどのように対処されていますか？

【手順（仕事の進め方）】
・私たちのチーム（職場）での進め方や業務プロセスで課題（問題）を感じているのはどのようなことですか？
・私たちのチーム（職場）の会議の進め方についてどのように感じていますか？

【関わり／関係性】
・私たちのチーム（職場）内でのお互いの関わり方や関係性についてどのように感じていますか？
・私たちのチーム（職場）での、コミュニケーションの仕方や、お互いの間の協力や助け合いに関して、どのように感じていますか？

第Ⅳ章

チームや職場レベルの関わり

　⓪-3【ヒアリングの実施】：最初に部下に対して時間を取ってくれたことへの感謝を伝えます。次に、ヒアリングの目的（チームをさらによくしていくために現状を把握したいこと、など）を自分の言葉で伝えます。そして、今後の進め方（このヒアリング結果を匿名にしたうえで、似た発言をカウントし、その結果を整理して「フィードバック・ミーティング」で報告し、皆で話し合うこと、など）を伝えます。そのうえで、答えたくないことは言わなくていいこと、評価面談ではないので人事評価には全く影響しないことを伝えます。語ってもらったことを簡単にメモすることの了承を得て、ヒアリングを始めます。

ヒアリングでは、作成した項目を尋ね、答えてもらったことに対して、必要なら深堀の質問をしていきます。マネジャーが捉えている見方とは異なる見方を聞くことができると思います。現状の見方は十人十色、自分とは異なる見方を、好奇心をもって聞いてください。ヒアリングをしながら、ヒアリングシートにキーワードをメモしていきます。聞くことが中心なので、書くことに必死にならないように留意してください。ヒアリングが終わったら、書ききれなかったことを追記し、ヒアリングシートを他の人の目に触れないところに厳重に保管してください。

　⓪-4【データ分析】：全般（うまくいっていること、伸びしろや課題）とGRPIモデルの4つの側面（計6つの側面）について、側面ごとに似た発言を集め、人数を数えます。方法としては、ヒアリングシートに手書きした場合は、記入したヒアリングシートをコピーして、コピーを発言のまとまりごとに切ります。そして、側面ごとにKJ法を行うように、似たものを近くに置きます。そのうえで、まとまりごとにメンバーが語ったキーワードを使って発言内容をまとめます。本人の言葉を使うことが大切なので、よく似ているけれど、違う言葉を使っている場合は、両方のキーワードの間に「／（スラッシュ）」を入れて併記します。まとまりごとに何人の人が語っていたのかを確認します。

　⓪-5【フィードバック・ミーティングの準備】：「フィードバック・ミーティング」で結果を報告するために資料を作成します。その例を図表4-19に示しました。各側面で語られていたことをまとめて、その内容（キーワード）と人数を示します。基本的に1人しか語っていなかったことは報告資料から省きます（誰かが特定されることを避けるため）。そして、フィードバック・ミーティング（最低60分）の時間調整をして、日程を設定します。

　①～④【フィードバック・ミーティング当日】：図表4-17の①～④が「フィードバック・ミーティング」当日の流れで、図表4-17の時間は合

チームでうまくいっていること	チームの伸びしろや課題
・和気あいあいとしている／雰囲気がいい（6） ・課長がやさしい／話を聞いてくれる（3）	・他の課や関連部署との連携ができていない（4） ・業務が大変な時がある（3）

G：Goals 目標
・チームのミッションは浸透している（5）
・チームの目標は共有されているが、それを個人で達成するイメージ（3）
・チームでどう関わるかの目標は共有されていない（2）

R：Roles　役割
・仕事が個人に割り当てられる／個人商店化している／仕事を自分で抱えてしまうことがある（6）
・忙しい時と忙しくない時の差が激しい（3）
・業務量の調整がうまくいっていない時がある（2）

P：Procedures 手順（仕事の進め方）
・連携があまりない（4）
・業務上でわからないことがあっても、調べ方がわからない／情報を探すシステムがない（3）

I：Interactions/Relationships 関わり／関係性
・関係性はいい／仲がいい（6）
・会議中の発言量に差がある（5）
・配慮がある／気遣いしている／遠慮がある（4）
・他の人の業務に関心がないこともあり（2）

第Ⅳ章　チームや職場レベルの関わり

計すると60分になります。「フィードバック・ミーティングの進め方は
Ⅳ-2-(4)「サーベイの結果を用いて対話する」（フィードバック・ミー
ティング；図表4-14）と同じです。Ⅳ-2-(4) との対応を記しますの
で、詳しい内容はそちらを参照してください。

①【導入】：ねらいと進め方を伝え、チェックインを行い、グラウン
ドルールを伝えます（Ⅳ-2-(4) の①参照）。

②【結果の報告】：データ収集とデータ分析の方法を伝えた後に、
データ分析の結果を見せて簡単に説明し、分析方法などについて質問を
受けます（Ⅳ-2-(4) の②参照）。

③【伸びしろの対話】：まずは1人ひとりが順に、結果をきっかけと

して考えた、日頃職場に対して感じている伸びしろを伝え、その後、対話を通して現状での課題を焦点づけていきます（Ⅳ-2-(4)の③と④参照）。その際、根本的な課題は何かを探究する際に、三角形のより上部の側面に目を向けていきます。GRPIのどの側面にどのような伸びしろがあるのかを焦点づけて、認識を共有します。

④【めざす姿の確認・クロージング】：めざす姿の確認を行い（Ⅳ-2-(4)の⑤）、クロージングとしてチェックアウト（Ⅳ-2-(4)の⑦）と今後の流れの確認をします。この進め方では、通常のフィードバック・ミーティングで⑥として行った、アクションプランづくりを連続して行いません。GRPIの枠組みに基づいた取り組みの計画（＝⑤「アクション計画」）をマネジャー（またはマネジャーと有志から構成された変革推進メンバー）が行い、後日⑥「アクション実施」を行うためです。

⑤【アクション計画】：アクション計画をマネジャーまたは変革推進メンバーが考えていくための手順は以下の通りです。「めざす姿」に職場がなっていくための取り組みの計画もGRPIモデルに基づいて行います。③「伸びしろの対話」で焦点づけられた側面について、アクション計画をしていきます。たとえば、G（目標）の側面に職場の伸びしろがあると見定められたとします。たとえば、全員が共通にめざしている目標が明確ではない、というのが課題で、「めざす姿」として「全員に共通の目標が腹落ちして、目標を意識して行動し判断できている状態」であることがフィードバック・ミーティングの終盤で確認されました。

⑥【アクション実施】：確認された「めざす姿」に向けてねらいを設定します。たとえば、「全員で共通にめざす目標を明確にする」とねらいを設定し、そのためのワークや対話の方法を調べ、自分の職場に合わせてカスタマイズしていきます。

図表4-20には、GRPIの側面ごとに、⑥「アクション実施」のためのねらいと方法のリスト（例）を挙げました。ほとんどの方法がインター

図表4-20 GRPIの各側面に対応するアクション（取り組み）のねらいと方法の例

GRPI	ねらい	方法
G 目標	共通の目標を明確にする	・目標の明文化（ビジョンから目標へ） ・未来を創造したうえで目標を創る：「タイムマシン法」、「未来の新聞」など ・「Will/Can/Must法」（3つの重なりをビジョンや目標として文章化する）
	仕事の目的への腹落ち感を高める	・間接部門などで、チームの共通の目標が抽象的な場合、課や部の目的や理念を業務の中でどのように意識し体現しているかを対話する
	チーム目標を見直す	・「チーム目標の評価」（チームの複数の目標をリストアップ、第三者視点から投票、中心的な目標を再確認し、必要な場合は修正して明文化する）
R 役割	メンバーの役割やサポート役を明確にする	・「責任分担マトリックス／役割分担表」：メンバーを列、チームの仕事（作業）を行としたマトリックスを作り、R：実行責任、A：承認、S：サポート、I：情報の共有を誰がするかを明確にする
	各自の負担を共有する	・「役割の共有」：自分の業務を模造紙などに全員が書き（1人1枚）、負担感を共有する ・朝会や毎日の定例ミーティングで、その日の各自の業務を伝え合い、ある人の負担が大きい場合は、その人の業務の一部を他の人が担う（役割の交代をする）
	役割の補完に目を向ける	・「パートナーシップ交渉」：各自が模造紙などに①私がチームや他のメンバーにしてほしいこと、②私がチームや他のメンバーにできることを書き、チームメンバーで話し合う
P 手順 （仕事の進め方）	業務プロセスや業務フローの見直しや改善をする	・「QCサークルの技法」 ・「KPT（ケプト）」法
	会議の進め方を効果的にする	・「会議ファシリテーション」：IV-1-(2)を学び、ファシリテーターを置く
	意思決定の仕方への納得感を高める	・意思決定の仕方の見直し：業務に関する事柄をどのように決定するか（マネジャーによる決定、担当者による決定、全員のコンセンサス）を合意する
I 関わり 関係性	効果的なコミュニケーションができるようになる	・コミュニケーションのトレーニング（「傾聴実習」、「yes/andコミュニケーション」、「アサーション・トレーニング」など
	お互いの違いを理解する	・対人理解のワーク（「価値観ワーク」、アセスメント（「ストレングス・ファインダー」、「ソーシャルスタイル診断」など）を用いた相互理解）
	お互いを理解して信頼を高める	・「人生曲線」や「モチベーショングラフ」の共有 ・オフサイトミーティングの「ジブンガタリ」
	協働関係を築く	・場面を変えての協働体験（「プロジェクト・アドベンチャー」など）

ネットで検索できます。それぞれの方法の具体的な進め方はお調べいただき、計画をしてください。大切なのは、③〜⑥の足並みが揃うことです。つまり、③「伸びしろの対話」で焦点づけられ、④「めざす姿の確認」で今後向かっていく方向性（大目標）が、⑤「アクション計画」でのねらい（小目標）とつながり、ねらいと対応した方法が計画され、⑥「アクション実施」で取り組まれる、という流れの一貫性です。これらの段階を行き当たりばったりで行うのではなく、特にめざす姿と取り組みのねらいを整合させる形で、計画的にアクション（取り組み）を設計していきます。⑥「アクション実施」は一度行えば終了、という訳ではなく、実施後にある程度の期間（1か月から数か月）を空けます。

　⑦【フォローアップ・ミーティング】：取り組みをした影響はどうなっているのか、現状でうまくいっていることや伸びしろは、さらに取り組みが必要なのはどんなことかを話し合います。

・あなたが取り組んでみたことは？

☐　職場ドック

☐　KPT

☐　ウノ・ジリア

☐　フィードバック・ミーティング

☐　GRPIモデルによる職場づくり

☐　その他（　　　　　　　　　　　）

・上記の取り組みについて、以下のそれぞれの段階はどれくらいうまく進めることができましたか？

段階	うまくいった程度 （あなたの実感） 1：全くうまくいか 　　なかった 5：非常にうまく 　　いった	うまくいった こと 効果的に進め ることができ た点	課題や伸びし ろ こうすればよ かったと考え る点
話し合いの導入 ねらいと進め方を共有 することができました か？	1-2-3-4-5		
見える化：メンバーはそ れぞれの見方を言うこ とができましたか？	1-2-3-4-5		
ガチ対話：内省的な対 話をしながら、同じ問題 認識をもてましたか？	1-2-3-4-5		
未来づくり：アクショ ンプランの計画ができ ましたか？	1-2-3-4-5		
合意されたアクションプ ランはその後、実行され ていますか？	1-2-3-4-5		

第Ⅳ章　チームや職場レベルの関わり

・上記の取り組みを実践した体験から学んだこと、今後に活かして
　いきたいことは？

・上記の取り組みの中で、メンバーと話し合う際に、対応が難し
　かった場面や、自分がどのように声かけをするのか、進めるのか
　をふりかえってみたい場面を１つ、取り上げてください。
　・それは、どのような場面でしたか？

・その場面であなたは、どのような働きかけを行いましたか？（具
　体的な声かけ）

・それに対して、グループやメンバーはどのように反応しました
　か？

・同じ場面での、他の働きかけや声かけの仕方、進め方の可能性
　（選択肢）は？

　Ⅳ-2では、(1)「職場ドック」、(2)「KPT」、(3) KPTを応用した「ウノ・ジリア」法、(4) サーベイ結果を用いた「フィードバック・ミーティング」、(5)「GRPIモデルを用いた職場づくりの3ステップ」を検討してきました。これら5つの方法に共通しているのは、課題や問題に焦点づけて、その解決策に取り組むアプローチです[1]。うまくいっていないことに焦点づけるため、問題解決アプローチやギャップ・アプローチと呼ばれています。この発想は古くからあり、私たちに身に付いたマインドです。「改善」のマインドはまさにギャップ・アプローチです。

　一方で、最近の心理学や組織論で注目されているのが、ポジティブ・アプローチです。うまくいっていないことやできていないことに光を当てるのではなく、うまくいっていることや強みに光を当てます。また、ギャップ・アプローチが過去の失敗や過去から今に至る現状に光を当てるのに対して、ポジティブ・アプローチでは未来の可能性に光を当てます。「昨日の失敗を反省して改善する」というよりは、「明日の成功をめざして潜在力を発揮する」という発想法です。この発想は、組織開発の分野で1980年代終盤にクーパーライダー氏によって提唱され、現在では多くの組織開発推進者がポジティブ・アプローチを実践しています。

(1) ギャップ・アプローチの限界と潜在力発揮のアプローチ

　ギャップ・アプローチ（問題解決アプローチ）は、できていない点や問題・課題に焦点づけて、同じ問題を繰り返さないように対策を講じることで、あるべき水準を維持するものです。野球のピッチャーの例を挙げた、図表4-21の上段をご覧ください。ギャップ・アプローチ（問題

1　これら5つの方法がすべて、問題や課題にだけ焦点づけているのではありません。「職場ドック」では職場でのよい点についても話し合います。「KPT」ではKeepで挙がったことをさらによくするためのTryについても考えます。「フィードバック・ミーティング」や「GRPIモデルを用いた職場づくりの3ステップ」でも、うまく機能していることや強みに光を当てることは有意義です。そして、これら5つの方法はすべて、問題や課題にも必ず焦点づけること、つまり、ありたい姿と現実との間のギャップを埋める発想もあることが共通点です。

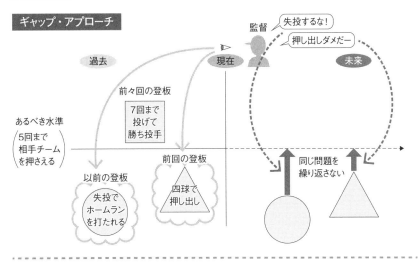

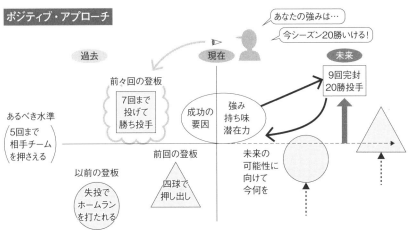

解決アプローチ）では、あるべき水準（図表4-21では5回まで相手チームを押さえて勝ち投手の権利をつかむ）に対して、それを下回るような、過去や現在の問題（図表4-21の【○：以前の登板で失投してホームランを打たれる】や【△：前回の登板で四球による押し出し】）に焦点づけます。そして、その問題を繰り返さないようにすることで、あるべき水準までのギャップを埋めようとします。問題がなぜ起こっている

かの原因を明らかにして、その原因に対処し改善することで、問題を再発しないようにします。

ギャップ・アプローチは生真面目な日本人に適していました。1970〜80年代にかけて、QCサークルや小集団活動が多くの日本企業で行われ、チームや職場で品質改善や不具合対応を話し合って改善に取り組みました。改善活動は、問題や不具合を解決しようとするギャップ・アプローチであり、当時は会社をよくしたいという「会社人間」の高いモチベーションによって支えられていました。

時代は変わり、勤務時間外の改善活動が認められなくなり、人員削減によって社員の全員が多忙になり、くわえて、業務を個人に割り振る個業化（個人商店化）などにより、職場でともに改善に取り組む風土がなくなった企業も多いと考えられます。そして、ワークライフバランスが重視される現代の風潮から、割り当てられた業務を時間の範囲内でこなす社員が増えている可能性もありそうです（Ⅰ-4参照）。問題や不具合を社員が主体的に見つけて解決するような、内発的動機づけによる改善の動きが自然に起こることは、このような現代の風潮の中では期待できません。そうならば、外発的動機づけによるマネジメントを行い、問題や不具合を個人で解決するように強化することが1つの方法です。しかし、この方法の問題点は、社員のストレスが高まること、社員が自分の仕事を増やさないために問題や不具合を隠す可能性が高まること、社員の主体性が育まれない、などです。特に叱られることやネガティブなフィードバックを受けることに慣れていない若い人たちの中には、常にできていないことに焦点づける関わり方を上司が続けると、その上司に対して本音を言わなくなる、ストレスが高まってメンタルヘルスや離職につながる、などが起こる可能性があります。

もう1つの方法が、よりよくしていくために社員の内発的動機づけと協働性を高めていくことです。その方法の代表例が、以下で説明していくポジティブ・アプローチです。図表4-21の下段、野球のピッチャーの例をご覧ください。ポジティブ・アプローチでは、すでにうまくいった強みや価値がある側面（図表4-21の【□：前々回の登板で7回まで投

げて勝ち投手になったこと】）に焦点づけ、うまくいった要因を探究
し、強みがさらに発揮された理想的な未来の状態をイメージすること
で、潜在力を発揮していくことをめざします。過去の問題に焦点づける
のではなく、未来の可能性に焦点づけて活力を高めていくアプローチで
す。

　筆者の知人で野球の監督も経験した人が以下のようなことを言ってい
ました。「9回ツーアウト満塁で、監督がマウンドに行って、ピッチャー
に対して『前回は四球で押し出しをしたし、その前にはど真ん中に投げ
てホームラン打たれただろう。今回は絶対にそんな失敗をするな』って
言いますか？　絶体絶命のピンチに、ピッチャーにネガティブな記憶を
思い出させて自信をなくさせるようなことを、監督は言わないでしょ
う」と。この話を聞いて筆者は「確かに」と思いました。一か八かの勝
負の時には、ポジティブなイメージをもたせて自信をもって全力が発揮
できるよう、言葉かけをするものです。会社でも部下はある意味、その
一瞬一瞬を戦いながら勝負をしているようなものかもしれません。なの
に、部下が自信を無くして失敗を避けたくなるような言葉を上司が浴び
せ続けていること、ありませんか？

　本書では、「人は意味づけをする生きもの」であることを繰り返し強
調してきました。ギャップ・アプローチの発想か、ポジティブ・アプ
ローチの発想かは、どのような面を見て、どのように意味づけるのかと
いう私たちの姿勢やマインドと関わっています。問題に目を向けて、足
りない部分を問題だと意味づけ、ネガティブな言葉を発するのか、ある
いは、強みや可能性に目を向けて、すでにできていることを強みだと意
味づけ、活き活きとした言葉を発していくのかで、会社の雰囲気や風土
も醸成されていきます。

　たとえば、「働くとはつらいこと」、「仕事は厳しいもの」という意味
づけを上司がしていて、部下に対して厳しく関わると、その職場は「引
き算」（できていないことで減点され、できても褒められることがない）
のギャップ・アップローチのマインドが形成されていきます。部下は叱
られないことを避け、失敗しそうなチャレンジをせず、割り当てられた

自分の業務をミスなくこなす姿勢になっていきます（部下のこの姿勢は、Ⅰ-6で触れたルーティンのタスクには適しているかもしれません）。

　ちなみに、ポジティブ・アプローチを、上司が部下に否定的なことを言わず、ただ褒めることだと勘違いする方もいるようです。上司が本当は肯定的に感じていないのに、よそよそしく口だけで褒められても、部下はうれしくないものです。ポイントは、人や職場の潜在力が発揮されて活き活きと働くことができるように、そこに今ある価値を正しく認識していく、という姿勢です。たとえば、上司の厳しい言葉が部下の心に届き、部下がさらに動機づけられるなら、その上司の厳しい言葉がけは強みなのです。ポジティブ・アプローチは、うまくいっている側面や成功する要因に目を向けて、探究し意味づけていく姿勢やマインドです。

　部下の心に届かない上司の褒め方は強みとはいえません。

(2) マネジャーが部下や職場の強みに目を向ける
〜AI（アプリシエイティブ・インクワイアリー）の考え方を上司と部下の関わりに適用する〜

　ポジティブ・アプローチの第一歩は、マネジャーである皆さんが部下や職場の強みに目を向けることからです。組織開発のポジティブ・アプローチの考え方に「AI（アプリシエイティブ・インクワイアリー）」があります。アプリシエイティブは形容詞で、動詞appreciateの意味は、感謝する、よさを味わう、価値を認める、正しく評価する、です。インクワイアリー（inquiry）は探究する、問いかける、という意味です。「すでにある価値を探究する」アプローチとお考えください。このアプローチで大切にされているのが、他者やチーム、職場や組織に対してすでにある価値に目を向ける、「アプリシエイティブ・レンズ」をもつことです。

　マネジャーは職場の業務成果に責任をもっているため、目標が達成できないことを不安に感じて、部下やチームのできていないこと、改善する必要があることに目が向きやすい傾向があります（コラム7参照）。

その場合、マネジャーは部下の至らないところや（至らないところとあるべき水準との）ギャップのみに焦点づけて見ているので、部下の現状を正しく評価していないことになります。部下が潜在的にもっている、すでにある価値に目を向けるなら、うまくいっていることや強みにも目を向ける必要があります。うまくいっていること、すでにある価値に目を向けることが「アプリシエイティブ・レンズ」なのです。「アプリシエイティブ・レンズ」で部下や職場、そして自分自身のことを見ていきます。

　強みに目を向ける「アプリシエイティブ・レンズ」を通して他の人を見ることは、特に、苦手な人や違和感をもっている人、馬が合わないと思っている人、葛藤をしている人に対して意味があります。相手と対人的な葛藤がある場合、相手のネガティブな側面に目を向けがちで、しかも実際よりもネガティブな意味づけをして、否定的な推測をしがちです。たとえば、部下に声をかけた際に、部下が返事をしなかった時、「あの人は自分のことが嫌いなんだ」、「失礼なやつだ」などと、ネガティブな意味づけをした相手の人物像を思い込むことがあります。「人は意味づけをする生きもの」であり、否定的な意味づけをするのか、それとも肯定的な意味づけをするのかは自分次第です。相手のふるまいや性格について否定的な意味づけをしても関係構築にマイナスな影響があるだけです。強みやすでに価値があること、潜在力に目を向け、肯定的な意味づけをすることが、健全な関係構築につながります。

　部下や職場、そして、自分自身の強みやうまくいっていることに目を向けるためには、問いかけを変えることが有効です。「どこか問題だったのか？」、「うまくいかなかったのはなぜか？」という問いかけから、「以前うまくいった秘訣は何か？」、「うまくいかなかった経験から何を学んだのか？」という問いかけに変えていくことが一例です。

(3) チームや職場の強みに目を向ける未来づくりワークショップ

　AI（アプリシエイティブ・インクワイアリー）の一連のサイクルを

チームや職場で本格的に実施しようとすると、集中で行うなら2日間、何回かに分けて実施するとしても最低計9時間ほどが必要です。以下では、職場づくりの3ステップに基づきながら、職場のメンバーと実施することが可能なミニAIの進め方を紹介していきます（図表4-22参照）。なお、AIという言葉を使うとメンバーには伝わらないので、「強みの未来づくり」、「いきいき未来対話」、「未来への活力アップミーティング」、「未来ブートキャンプ」、「フューチャー・ダイアローグ」などの言葉で称するとよいかもしれません。

①【導入】：話し合いのねらい（目的）、スケジュール、グラウンドルールを伝えます。ねらい（目的）では、何のためにこの対話を行うのかを明示して伝え、マネジャーがこの話し合いを実施することに決めた意図や想いを伝えます。グラウンドルールとしては、「お互いやチーム・職場の強みに目を向けましょう」、「他のメンバーのよさを受け止めましょう」、「未来への望みを語りましょう」、「望ましい未来を自分たち

図表4-22 「強みの未来づくり」の進め方（この例は計3時間）

「強みの未来づくり」（ミニAI）

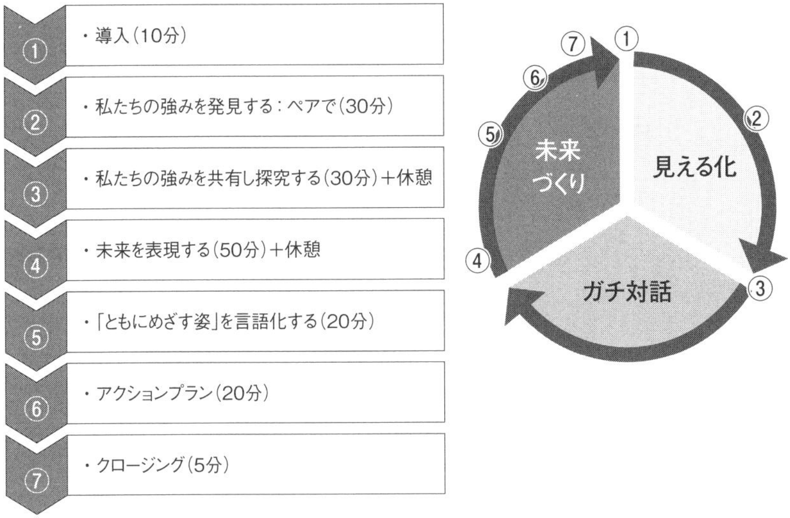

①
・導入（10分）
②
・私たちの強みを発見する：ペアで（30分）
③
・私たちの強みを共有し探究する（30分）＋休憩
④
・未来を表現する（50分）＋休憩
⑤
・「ともにめざす姿」を言語化する（20分）
⑥
・アクションプラン（20分）
⑦
・クロージング（5分）
見える化
ガチ対話
未来づくり
① ② ③ ④ ⑤ ⑥ ⑦

で創っていきましょう」、「『無理だ』などの諦めの言葉は避けましょう」などを挙げることができます。職場の状況に合わせてグラウンドルールをアレンジしてください。

②【私たちの強みを発見する】：ペア（奇数の場合は1組がトリオ）で相互にインタビューを行います（1人15分間）。インタビューで尋ねる項目をどのようにするのかは重要なポイントです。図表4-23に一例を挙げましたが、職場の状況に合わせて語りやすい質問にアレンジをしてください。ペアのうちの、一方が聞き手になって質問をし、もう一方が話し手になって15分ほど話します。聞き手は話し手が語ることについてキーワードをメモします。約15分後（または話し手がすべての質問について語った後）に、役割を交替して、さらに15分のインタビューを行っていきます。トリオの場合は、聞き手、話し手、メモ役を順番に交代していきます（各10分ずつ）。

③【私たちの強みを共有し探究する】：②の相互インタビューで語られたことを共有します。メンバーが8人以下なら全員で行います。9人以上の場合は2つのグループに分けた方がよいかもしれません（インタビューを行ったペアは同じグループに入ります）。インタビューで話し手が語っていたことを聞き手が簡潔に紹介します（1人につき2〜3分ほど）。その際、記録係が「私たちの強み」や「強みが発揮されるための秘訣」をホワイトボードまたは付箋に書いてください。共有後に、自分たちのチームの強みやよさが発揮されるための関わり方や秘訣について対話をし、探究します。その後、短い休憩をとります。

④【未来を表現する】：次に、自分たちのチームの強みやよさが最大限に発揮された未来について話し合い、表現します。未来の設定は、1年後、3年後、5年後、10年後などが考えられます。1年などの短い期間だと現実的な未来しか想像されないかもしれません。逆に長い期間（10年後）だと、自分はもうこのチームにいないと感じて、話し合いにコ

「私たちの強みを発見する」インタビューの項目例

　私たちのチームの強みが発揮された未来を考え、その実現に向かうにあたって、まずは私たちのチームの強みやよさに目を向けていきましょう。私たちの強みやよさを話してもらうための質問を4つほどしていきます。話してもらう時間は全体で15分ほどです。

※話し手：思い起こした場面について、物語を語るように話してください。自分のよさや貢献についても恥ずかしがらずに話してください。

※聴き手：質問を尋ねた後に、話し手が語っていることを簡単にメモしてください。後で共有します。

1．このチームで、お互いに力を合わせて何かを成し遂げて、あなたもメンバーも最も活き活きとしていた場面を1つ、思い出してください。

・それはどのような状況でしたか？　あなたや他の人たちはどのように関わり、どんなことを成し遂げましたか？

メモ欄

・その時に、チームとしてうまくいった要因はどんなことでしたか？

メモ欄

2．このチームの強みやよさはどんなところですか？

メモ欄

・それらの強みやよさが発揮されるための秘訣、みんながうまく関わりながらともに働くための活力の源は、どんなことですか？

メモ欄

ミットしにくくなる可能性があります。3年後と設定し、このメンバー全員がチームにいるという前提とするのが1つの選択肢です。

　たとえば、3年後の望ましいチームの状態を話し合うとします。全員でいきなり話し合うことも可能ですが、まずは、②とは違うペアで計10分（1人5分）の短いインタビューを行うこともできます。その際のインタビュー項目の一例は、「あなたはタイムマシンに乗って3年後の職場に行きました。そこで、現在の状態から変化した、理想的なチームの状態になっている私たちがいました。それはどのような状態ですか？お互いがどのような関わりや仕事の仕方をして、強みをどのように発揮していますか？」です（職場の状況によってアレンジしてください）。

　計10分のインタビューの後、グループに集まり、インタビューで語られたことを共有します（記録係がホワイトボードに「望ましいチームの状態」を簡単に書いていきます）。8人までなら1つのグループで実施可能です。それ以上の人数の場合は話し合いが難しくなるため、複数のグループに分けてください。15分ほどかけて、3年後の望ましいチーム状態のアイデアが共有された後は、その状態を表現していきます（25分間）。表現の方法としては、劇などをして演じる、オブジェを創る、紙芝居にする、などが考えられます。通常は言語を用いて論理的に今後の計画を考えますが、この場では右脳を使った関わりにチャレンジすることで、日頃のモードとは異なる、創造的で革新的な未来が生成される可能性が高まります。複数のグループの場合はお互いに発表して休憩します。その後、短めの休憩をとります。

　⑤【「ともにめざす姿」を言語化する】：次に、④で表現された望ましいチームの状態について言葉にしていきます。表現の中で印象的だった、実現したいチームの未来の状態を挙げていきます。そして、それらを1つから3つほどにまとめて、「ともにめざす姿」として短い文章（宣言やキャッチコピー）にしていきます。

　⑥【アクションプラン】：「ともにめざす姿」を短い文章にして確認し

た後、その状態になっていくためのアクションプランを話し合います。この際に、Ⅱ-5で触れた「生成的な対話」をこころがけます。共通の未来に向けて、創造的な取り組みやエネルギーが高まるような行動を考えます。そして、実行したいと思った人が推進していきます。

　⑦【クロージング】：チェックアウトとして1人一言感想や想いを伝える、マネジャーから今後の意気込みや参加してくれたことへの感謝を伝える、などをして終了します。

　マネジャーは、この「強みの未来づくり」の対話を行った後、「ともにめざす姿」の実現に向けて推進していくことが重要です。まず、日頃の会議やミーティングの中で、「ともにめざす姿」に言及し、その状態を自分自身も本気でめざしていることを伝えます。また、アクションプランで合意されたことが実行されているかどうかをモニターし、実行しようとしている人を後押しします。さらに、3か月後または半年後に、1時間ほどの時間を取ってフォローアップ・ミーティングをします。その話し合いでは、「ともにめざす姿」を確認し、アクションプランのうち、さらに続けていくこと、新たに始めることを合意します。

　「強みの未来づくり」では、強みに焦点づけることによる潜在力の発揮をめざします。強みやすでにある価値に目を向け、そのようなよさが最大化するような言葉が日常のやりとりの中で語られるようになることがポイントです。活き活きとした雰囲気がある職場では、自分たちの強みやよさが引き出されるような言葉がやりとりの中で語られています。つまり、「強みの未来づくり」の話し合いの中で自分たちの強みを探究するだけではなく、日常の中でもお互いの強みを探究するやりとりに変化していき、日常業務においてお互いの潜在力が発揮されて相互にエンパワーし合うような言葉が交わされる状態をねらいます。

　くわえて、「強みの未来づくり」では、「ともにめざす姿」が生成されることによる協働性の高まりをめざします。「人は同じ方向を向かなければ、バラバラになる生きもの」であり、協働性が高まるためには共通

の目的や目標が必要です。上から与えられた目的や目標は腹落ちしにくいものですが、対話を通して自分たちの中から創発された目的や目標は自分事化される可能性が高く、実現に向けた内発的動機づけが高まりやすいと考えられます。

・強みに光を当てる視点(アプリシエイティブ・レンズ)を磨くために、毎日または週に1回、以下のふりかえりを行ってみましょう。

・1日(または1週間)を終えるにあたって、自分にとってベストだった状況(例:自分が活き活きしていた、効果的に対処できた、うまく関わることができた、物事を成し遂げた状況)を思い起こしてください。

①それはどんな場面でしたか?

_____

②自分のどのような強みやよさが、そのようなベストな状態につながりましたか?

_____

・1日(または1週間)を終えるにあたって、自分の部下やチームがベストだった状況(例:部下が活き活きとしていた、部下やチームが何かを成し遂げた、チームが協働して一体感をもてた状況)を思い起こしてください。

①それはどんな場面でしたか?

_____

②部下のどのような強みやよさによって、そのようなベストな状況になることができましたか?

_____

③チームのどのような強みやよさが発揮されていましたか?

_____

第 V 章

マネジャーの自己成長

　本書の最後の章として、マネジャー自身の自己成長について考えていきましょう。マネジャーの仕事は、定型通りにこなすルーティン・タスクではなく、ノンルーティンで創造的、分析的でやりとりが必要とされるタスクです。さまざまなハプニングや適応が必要な課題も起こります。そうしたさまざまな出来事に対処していくためには、マネジャー自身の自己成長が必要不可欠です。

V-1 | リフレクティブ・マネジャーになる

　マネジャーは会社組織から任ぜられた役割です。マネジャーの役割の1つに、職場の業務目標に対する成果を出す責任を担うという、「成果をマネジメントするマネジャー」という側面があります。そして本書では、成果が出るには、部下の育成やチームの発達が重要であり、「ファシリテーターとしてのマネジャー」になる必要があることを紹介してきました。そして、マネジャーであっても1人の人間です。自分のニーズを達成したいし、自分の中で起こる感情に対処する必要もあります。つまり、マネジャーは3つの自分に対処する必要があります（図表5-1参照）。

　部下と関わり、対話し、自分による影響も含めた適応課題に気づくためには、マネジャーは自らの行動やその影響について内省する必要があります。マネジャーが図表5-1の3つの自分を同時に生きるためには、その瞬間にどの層の自分でいるのかを内省することが必要です。たとえ

図表5-1 マネジャーの3つの自分

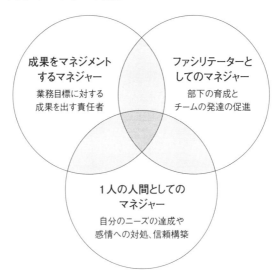

成果をマネジメント
するマネジャー
業務目標に対する
成果を出す責任者

ファシリテーターと
してのマネジャー
部下の育成と
チームの発達の促進

1人の人間としての
マネジャー
自分のニーズの達成や
感情への対処、信頼構築

ば、成果が出ない時や部下が重大なミスをした時にはっきりと伝えなければならない時があります。そのような時は「成果をマネジメントするマネジャー」として、明確に伝え管理する必要があります。部下の主体性を育みたいと願う時は、1on1の際に質問をすることで関わったり、会議で自分の意見は後で言うこととして部下の考えを引き出して話し合ってもらうなど、「ファシリテーターとしてのマネジャー」として機能します。そして、「1人の人間としてのマネジャー」として自分らしくふるまうことによって部下の信頼を得ることも必要です。くわえて、自分の中に起こる不安に対処したり、防衛的になって怒りを感じる時など、「1人の人間としてのマネジャー」である自分自身への対処（セルフ・マネジメント）も必要となります。

　このように書くと、「マネジャーは大変だ」と読者の皆さんは感じるかもしれません。しかし、人の成長や発達を育む人は複数の機能や側面をもつものです。たとえば、親には、厳しい自分（父性）、優しく受け入れる自分（母性）、人間としての自分が存在しています。教師にも、教える機能（知識のティーチング）、引き出す機能（学習者が自ら学ぶためのファシリテーション）、人間としての自分という側面があります。人や関係性を育もうとする際には、複数の機能や役割を生きることが必要なのです。

　そのような、複数の機能（役割）を生きるマネジャーにとって、内省する必要がある2つの側面があります。1つめは、自分が与えている影響に気づく内省です。もう1つは、自分がその瞬間にどの機能を発揮しようとしているかに気づく内省です。

　自分が与えている影響に気づく内省がなぜ必要なのか、それはⅠ-5で「適応課題」について紹介したように、職場の中には自分の影響によって起こり得る適応課題があるからです。成果を出すために部下をいつも叱責しているなら、それによって部下が失敗を恐れるようになる、マネジャーを信頼しなくなる、内発的動機づけが下がる、などの影響が起こります。つまり、「成果をマネジメントするマネジャー」としての関わり方が部下に影響し、さらに成果にも影響する訳で、自分自身の関

わり方が部下にどのような影響を及ぼしているかを内省することが必要です。そして、「ファシリテーターとしてのマネジャー」として機能する際には、自分の質問の仕方や働きかけ方がプロセスに大いに影響するので、自分の質問の仕方や働きかけ方を内省する必要があります。くわえて、「1人の人間としてのマネジャー」の側面では、マネジャー自身のニーズや感情に気づき、対処することが必要です。特に、マネジャー自身の出世欲や上司に認められたいという承認欲求、マネジャーの中にある不安やコントロール欲求に気づき、自分自身に対処する内省力が求められます（コラム7参照）。

マネジャー自身の心のマネジメント

マネジャーにとって、自分の心の中で起こる欲求や感情に対処することも重要です。ここでは、自分の中の欲求への対処と、自分の中の感情や防衛への対処という、2つの側面から考えていきます。

　まず、自分の中に起こる欲求に対するマネジメントについて検討していきます。特にポイントになるのが、自分の上司に認められたい、そして、さらに昇格していきたいという欲求です。自分に対してよい評価を得るためには、業務目標を達成すること、そして、自分の上司から好印象をもってもらうことが必要です。そうなると、上司の意向や成果を優先し、部下との関わりや職場で起こっているプロセスに目を向けることが後回しになりがちです。また、マネジャー自身が自らの失敗を認めると、よい評価を得ることができないと思い込み、マネジャーが自分の失敗を認めない傾向があります。そうなると、部下からの異論にマネジャーが耳を傾けない、自分に対する否定的なフィードバックをマネジャーが受け取らない、という態度になり、マネジャーが自らの経験から学びにくくなります。

　特に、より地位が高いポジションに昇格したい人たちは、権限を得ることを望んでいて、他者やものごとの進め方をコントロールしたい欲求（＝コントロール欲求）が高いです。以前の時代のように、部下よりも上司の方が仕事について専門的な知識を有していて、部下に対して上司が指示命令をすることが有効な場合は、コントロール欲求が高い人がマネジャーに適していました。しかし、現在のように、部下の方が業務内容を知っていて、部下が主体的・自律的に仕事に携わることを上司がエンパワーすることが有効な場合は、マネジャーのコントロール欲求の高さは足かせとなります。自分の考えの正しさを脇に置いて、自分が考える通りに物事をコントロールしたいという欲求を手放し、部下と対話していくこと、これが自分の中に起こる欲求（上からの評価を得たい欲求や思い通りに

物事を進めたいというコントロール欲求）に対処する術です。

　次に、マネジャーが自分の心の中で起こることのもう1つの課題である、マネジャー自身の感情や防衛について検討していきましょう。その代表例は、マネジャーの中の不安（特に上から求められている目標が達成できないことへの不安）や部下に対する不信頼にどのように対処するか、です。失敗を避けたい、問題が起こることから自分の身を守りたい（＝防衛）から、問題が起こりそうかどうかを常に察知しよう、問題が起こらないように事前に部下の動きをコントロールしておこう、という無意識に心の動きが起こることがあります。その背景には、部下が失敗するかもしれないという、部下に対する不信頼や自分の中の不安があるのです。つまり、部下に対する不信頼→失敗を避けたいという不安→部下の行動をコントロール→自分が口出しをしなければ失敗する→部下に対する不信感増大、という負のスパイラルが循環することになります。

　次の節「うまくいっていることに目を向ける」にも関わりますが、うまくいっていることや強みに目が向くのか、問題や課題に目が向くのかは、マネジャーの中に起こる感情や防衛と関連があります。マネジャー自身の中に起こる、失敗するのではないかという不安にマネジャー自身が対処でき、部下の力でうまくいくことを信頼できるなら、部下のうまくいっている側面に自然と目が向きやすくなります。マネジャー自身の不安や部下への不信によって部下や物事をコントロールするのか、マネジャーが部下を信頼して部下と対話していくのかは、マネジャーが部下とどのように関わるかの分かれ道です。

　「1人の人間としてのマネジャー」の心の中で起こることを自らマネジメントするには、マネジャーが自分の中で起こっている欲求や不安に気づく内省がポイントとなります。

内省する力を高めるためには、ふりかえりの習慣を付けること、そして、部下からのフィードバックをもらうことです。ふりかえりの習慣を付けるための方法の1つは、日誌を書くことです。最近の部下との関わりの中で、うまくいかなかったと感じること、もう少し違った関わり方ができたかもしれないなぁと感じることを取り上げます。①その出来事ややりとりを簡潔に書き、②その時の自分の発言、③自分の中で起こっていたこと（気持ちや望みなど）、④その過程から気づく自分自身がもつマネジメント観や思考パターン、⑤同じような場面で他にどのような発言や関わり方ができるか、を記入していきます（セルフ・リフレクション参照）。ちなみに、こうした記入をマネジャーが持ち寄り、マネジャー数人で対話してともに学ぶ方法は「リフレクション・ラウンドテーブル」と呼ばれています。

　部下からのフィードバックをもらうことも内省力を高める取り組みになります。詳しくは本書のⅡ-2とⅢ-4に紹介していますので、ご覧ください。ちなみに、ヤフー株式会社では、部下からのフィードバックをマネジャーがもらい、マネジャーが新しく取り組む行動を宣言する、「ななめ会議」が行われています。インターネットで検索して情報を得ることができますので、関心がある方は調べてみてください。また、サイバーエージェント社では「グロースファインダー」という名前で、チームメンバー同士がお互いの強みや他のメンバーへのリクエストをフィードバックする取り組みが行われています。こちらもインターネットで検索することができます。

　ちなみに、この節のタイトルは「リフレクティブ・マネジャーになる」でした。「内省」は英語で「reflection（リフレクション）」、「内省的な」は「reflective（リフレクティブ）」であり、中原・金井（2009）は、内省するマネジャーを「リフレクティブ・マネジャー」と呼びました。マネジャーにとっての内省の重要性についてさまざまな理論から検討されている本なので、さらに探究したい方はそちらをご参照ください。

内省力を高めるためのふりかえり項目

・最近の部下との関わりの中で、うまくいかなかったと感じること、もう少し違った関わりができたかもしれないなぁと感じること、職場でのハプニングへの対処など、1つの場面を取り上げてください。

①その出来事やそこでのやりとりを簡潔に書いてください。

_____

②その場面であなたは、どのような発言や行動をしましたか？

_____

③その場面で、自分の中で起こっていた、気持ちや望みは？

_____

④その過程から気づいた、自分自身がもつマネジメント観や思考パターン、前提や思い込みは？　そのようなマネジメント観や思考様式をあなたがもつようになった原因や過去の経験は？

_____

⑤同じような場面で、②以外の、どのような発言や関わり方ができそうですか？

_____

V-2 | うまくいっていることに目を向ける

　Ⅳ-4で、個人や職場の強みやよさに目を向けて、潜在力を最大限に発揮するアプローチ（AI：アプリシエイティブ・インクワイアリー）について触れました。AIを提唱したクーパーライダー氏が以下のような言葉を言っています。

> 　すべてのリーダーシップは、アプリシエイティブ・リーダーシップである。それは、私たちを取り巻く世界、私たちの同僚、私たちが導こうとしているグループにおいて、ベストなことを見い出そうとする力だ。（Creelman, 2001：クーパーライダー氏へのインタビュー）

　チームや職場でうまくいっていることや既にあるよさを見出す力がリーダーシップであると彼は捉えています。うまくいっていることやよさ、潜在力を見出して、それを最大限に発揮できるように導く力を、クーパーライダー氏は「アプリシエイティブ・リーダーシップ」と呼んでいるのです。英語の直訳ではイメージが沸きにくいかもしれません、「真価を見出すリーダーシップ」というイメージです。

　私たち日本人の多くは、問題解決の思考をもっています。その思考は、私たち日本人は子どもの頃から鍛えられてきて、すでに身に付いています。くわえて、マネジャーになってからは、部下に成長してほしいと思うほど、部下のできていないところに目が向きます。そして、ついついダメ出しをしてしまいます。やっかいなのは、それを部下のためによかれと思ってしていることです。

　ただし、何もしない、何も言わない、部下に関心をもたない、放任的なマネジャーよりは、問題を指摘するマネジャーの方がましです。人にも業績にも関心を向けない1・1型（消極型）マネジャーが、マネジャーとして最も相応しくないといえます。

　ところで、問題やできていないところに目を向けて、問題を指摘し、

第Ⅴ章　マネジャーの自己成長

ダメ出しをするのは、マネジャー自身の経験から学んできたことも影響しています。自分が若い頃に上司にダメ出しをされたことで自分が成長してきて、自らの経験からマネジャー像やマネジメント観を身に付けてきたため、自分もマネジャーになってから部下の問題に目を向けてダメ出しをしてしまうのです。

　今は転換期で、マネジャー像やマネジメント観もかつてのものから脱皮できるかどうかがポイントかもしれません。「アンラーニング」という言葉があります。「学びほぐし」と訳され、これまでに学習したことを一端置いておいて、学び直すことです。問題に目を向けてダメ出しをするマネジャー像は、これからの時代のマネジャーにとって、アンラーニングすることの1つかもしれません。問題に目を向けて指摘する問題解決思考だけではなく、うまくいっていることや既にあるよさにも目を向けて伸ばしていく志向を学んでいき、自らのマネジメント観をほぐしていくのです。

　うまくいっていることに目を向けて、さらに発揮されるように働きかけるための力について考えていきましょう。図表5-2には、うまくいっていることに目を向けるための行動やこころがけを挙げました。

　まずは、どのような面に目を向けるか、です。［うまくいっていることを探す］というのは、部下の発言や行動、チームや職場のメンバーの関わり方や話し合いの進め方について、うまくいっていることに目を向けながら観察し、発見することをこころがけます。ダメなところに目を向けて観察するのと、うまくいっているところに目を向けて観察するのとでは、見えてくることが全く違います。観察したり、やりとりをしている、その瞬間に［問題探しをしている自分に気づく］ことができれば、意識的に視点を変えて、うまくいっていることに視点を向けることができます。自分がどちらに目を向けているのかを自分でモニターするイメージです。

　部下と話す際に、うまくいっていることに目を向けるコツは、［ポジティブな問いかけをする］ことです。「どんなところに不安がある？」、「反省点は？」と問いかけると、問題や課題についての回答が返ってき

図表5-2 うまくいっていることに目を向ける行動やこころがけ

行動やこころがけ	内容
うまくいっていることを探す	部下やチーム・職場でのうまくいっていることに目を向けながら観察し、発見する
問題探しをしている自分に気づく	自分は今、問題に目を向けているのか、うまくいっていることに目を向けているのかに、その瞬間に気づく 問題に目を向けている自分に気づいたら、うまくいっていることにも目を向けるように意識的に視点を変える
ポジティブな問いかけをする	うまくいっていることやよさ、潜在力に部下が目を向けて答えるような問いかけ（質問）をする
自分の強みやよさに目を向ける	自分自身の問題点やうまくいかなかったことに目を向けるだけではなく、自分の強みやうまくいったことに目を向ける
部下やチームを信頼し、感謝する	不安や不信頼が問題に目を向け、感謝や信頼の気持ちがよさに目を向けることにつながる。部下やチームを信頼して感謝することで、うまくいっていることやよさに自然に目が向く

ます。そうすると、やりとりの中で、マネジャーは必然的に問題に目を向けることになります。「今日うまくいったことは？」、「その仕事に対して自分の強みをどんなふうに発揮できる？」というように、うまくいっていることや強みを引き出す問いかけをすると、うまくいっていることが話されるやりとりになります。そうすれば、やりとりの中で自然に強みに目が向きます。

　最後は、マネジャー自身が［自分の強みやよさに目を向ける］ことです。自分自身のうまくいっているところか、問題やうまくいかなかったことか、どちらに目を向ける傾向があるかと精神的な健康度とは関連があります。精神的に健康で活き活きとするのは、自分自身のうまくいっているところにより目を向けている人です。部下が活き活きとするためには、まずはマネジャーである自分自身が活き活きとすることから始まります。

- 毎日、1日が終わる時に、今日うまくいったこと、自分が頑張ったことをいくつか思い浮かべると、うまくいっていることに目を向ける習慣が身に付いていきます。下線部のところを言葉にしてイメージします。

  ・今日、自分の行動や発言、関わり方でうまくいったのは、

  _____

  ・今日、自分のチームや職場で、よかったことやベストだったのは、

  _____

  ・今日の部下の行動や発言で、よかったことやベストだったのは、

  _____

- 自分がどんな状況で問題に焦点づけるのか、どんな状況でうまくいっていることに目を向けるのか、を分析してみましょう。

  〈どのような状況で〉〈どんなことが起こった時に〉〈自分の感情は？〉
  問題に焦点づける時：

  _____

  うまくいっていることに目を向ける時：

  _____

V-3 | 自職場以外の場で学ぶ

　自己成長に向けた学びと自己成長で最近注目されているのが、「越境学習」です。越境学習とは、自職場（ホーム）の境界を越えてアウェイな場に身を置き、ホームとアウェイの間を行き来しながら学ぶことです（石山, 2018）。方法としては、社外の研修や講座に参加する、異業種交流会に参加する、他社で働く、本業以外にも社会活動を行うなど、いろいろな形があります。

　アウェイな場に身を置き、自職場（ホーム）と行き来することが、なぜ学びにつながるのでしょうか？　会社にずっと所属していると、その会社の価値観や文化に染まり、会社の価値観が当たり前と思うようになっていきます。アウェイの場は自社とは異なる価値観と出会うことになり、自分の暗黙の思い込みに気づくことができます。また、自職場内での自分の知識やスキルが通用しないことがアウェイの場では起こり、ホームとアウェイを行き来する過程で、自分自身の再認識や新たな挑戦、その経験からの学びを得ます。行き来することがポイントで、社外の価値観や学びを自社内にそのまま持ち込もうとしても、すぐには受け入れてもらえず、揺さぶりが起きます（石山, 2018）。

　たとえば、私が実施する組織開発の講座に企業の方が参加いただいています。参加者の中には、組織開発を学びたいと熱望して参加くださり、講座の中で自社内では学べない、多くのことを講座で学べていると言ってくださいます。そのような方が組織開発を学び、大いに刺激を受けて、社内に戻って上司に組織開発を説明しようとして、総スカンを喰らってしまうことがあります。これは結構な揺さぶりの体験です。その揺さぶりの結果、組織開発を上司に説明することを諦めてしまったら、越境学習は起こりません。どうやったら上司に理解してもらえるのか、どうしたら社内に理解してくれる仲間を作れるのかを考え、相手に受け入れられるよう関わっていくことで、アウェイでの学びを活かしてホームでも経験から学ぶことができます。つまり、ホームとアウェイを行き

第Ⅴ章 マネジャーの自己成長

来することで起こる揺さぶりを通して、経験から学ぶことにつながります。この過程が越境学習なのです。

　組織開発の源流となる研究者レヴィンは、揺さぶりが変化につながると考えました。凍って動かない（変わらない）人や組織が、揺さぶりによって凍った状態から一部が溶けて、その溶けた部分で学びや変化が起こり、少し形を変えて再び凍結していく、という過程です。

　ホームの境界を越えて、アウェイな場に身を置き、その場での経験から学ぶことができます。新しい価値観や知識を吸収するとともに、ホームではしない（部下の前ではできないような）試みや行動をして、その経験からも学べます。アウェイでまず揺らぎが起こるといえます。そして、アウェイな場からホームに戻って、アウェイな場での経験からの学びを活かそうとして、うまくいかなかったり、社内の人たちにわかってもらえないこともあり、ここでさらなる揺さぶりを経験して、試行錯誤することで、さらにその経験から学びます。

　マネジャーにとって自己成長のためには揺らぎが必要なのですが、慣れ親しんだホームでは価値観や自分の力についての揺さぶりの経験はなかなかできません。ホームとアウェイの行き来をすることが、マネジャーの自己成長をさらに後押しするのです。多くの企業が、社外での学習機会や異業種間の人材交流、そして、副業を推し進める意味はここにあります。

・最近（直近の1週間、または、1か月）、どのようなアウェイの
　場に身を置きましたか？

・そのアウェイな場には、ホーム（自社内／自職場内）とは異な
　る、どのような文化や風土、関わり方、語られている言葉があり
　ましたか？　自分の立場や心境、他の人との関わり方にどのよう
　な違いがありましたか？

・そのアウェイな場で学んだこと、考えたことは、どんなことでし
　たか？

　→アウェイな場での学びを、自職場（ホーム）でどのように活か
　　したいと考えましたか？

・自職場（ホーム）で、どのように活かし、どのように行動しまし
　たか？

　→その結果は？
　　うまくいったこと：＿＿＿＿＿＿＿＿＿＿＿＿＿＿＿＿＿＿＿

　　うまくいかなかったこと：＿＿＿＿＿＿＿＿＿＿＿＿＿＿＿＿

　→その経験を通して考えたこと、気づいたことは？

V-4 | テレワークをマネジメントする力を高める

　新型コロナウイルスの影響により、業界によってはテレワークが一気に加速しました。本書の最後の節となる以下では、テレワークで起こる職場のさまざまな課題に対処できるマネジャーの力について考えていきます。

　テレワークでは、部下が同じ空間にいないため、部下が仕事をする様子を常に見ることはできません。その場合、マネジャーや会社の部下に対する関わり方は2つに分かれていきます。監視と統制を強化するか、または、放任するか、です（図表5-3参照）。

　監視と統制の強化は、PCの操作やPCに部下が向かっているかどうかを監視するシステムを導入する、業務報告を逐一するように求めるなどです。もう一方の放任は、部下の業務に対して口を出さない、監視をしないが支援もしない、というものです。これらの二極化は、どちらも望ましい方向ではありません。

図表5-3 テレワークでの二極化

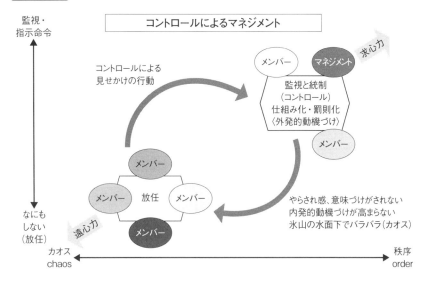

監視と統制は、部下に対する不信頼によって起こり、信頼の低下の悪循環が起こり得ます。信頼関係のなさや監視されている状態によってストレスも高まります。また、部下の主体性や自律性が育まれません。

　放任では、部下が必要とする支援を受けられない、部下の人事評価をすることが難しい、などの問題点があります。テレワークコラム10で紹介したように、マイクロソフト社での調査では、マネジャーと部下との1on1の実施時間が長い（週平均30分）方が、部下の仕事の生産性が高まっていることが示唆されました。この結果を逆に解釈すると、テレワークでの1on1を実施せず、部下を放任している状態だと、生産性が低くなるといえます。

　では、監視と統制または放任という二極化の中で、どのように職場のマネジメントをしていく必要があるのでしょうか？　テレワークでは、出社（対面）に比べて、個業化が促進されます。つまり、部下1人ひとりが自分に割り当てられた業務をこなすという仕事の仕方になりやすいといえます。ジョブ型雇用はテレワークに適しているとされており、ジョブ型雇用が進むこととテレワーク化を通して、個業化はさらに加速していくことでしょう。

　本書では、職場づくりのベースとなる関係性の進展として、信頼関係→協働関係→切磋琢磨の関係の構築が必要であることを強調してきました。個業化の状態では、協働関係や切磋琢磨の関係は築かれません。個業化が加速する環境の中で、マネジャーと部下との関係性を構築していくことが重要です。そのために、部下との対話力がマネジャーに必要とされ、そのためのスキルを第Ⅲ章で紹介してきました。「人は意味づけをする生きもの」であり、監視と統制または放任によるマネジメントでは、マネジャーの想いや期待を部下が意味づける（腹落ちする）ことは起きにくいです。マネジャーの想いや期待を部下が腹落ちしてくれるような対話をしていくことが、テレワークではさらに必要とされます。

　くわえて、テレワークでは部下と部下との間の関係性が構築されにくく、部下間の協働関係や切磋琢磨の関係が育まれないという課題があります。個業化は、1人ひとりがめざすことがバラバラになりがちです。

「人は同じ方向を向かなければ、バラバラになる生きもの」であり、テレワークにおいて協働関係を育むためには、職場のメンバーが目的や目標を共有することがさらに必要になってきます（図表5-4参照）。

　テレワークにおいてチームづくり（協働関係や切磋琢磨の関係の構築）を行うために、目的や目標の共有を含めた、会議やミーティングにおけるファシリテーションや、職場の中のやりとりが対話（「内省的な対話」や「生成的な対話」）になっていくことが重要です。テレワークでは、対面のようにいつでも気軽に話すことができる環境ではないため、オンラインでのミーティングという限られた時間の中でやりとりの質を高めていくことがポイントとなります。

　オンラインでのミーティングでは、ツールをどのように使うかという「技術的問題」とともに、ミーティング参加者の間で「適応課題」が起こります（テレワークコラム３参照）。つまり、テレワークにおいて生じる「適応課題」に対処していくこともマネジャーに必要とされます。

　以上のように、テレワークでは、マネジャーはこまめに対処する必要がある課題が増えます。つまり、テレワークではマネジャーは職場のマ

図表5-4 テレワークにおける対話を通したマネジメント

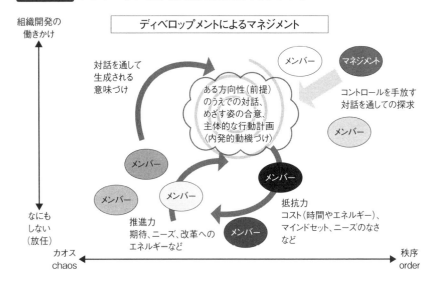

ネジメントにより専念することが必要とされています。部下が主体的・自律的になり、部下間の協働関係や切磋琢磨の関係が育まれれば、職場の人間的側面の課題も減っていき、最終的にはマネジャー自身が楽になります。職場の人間的側面で起こる課題への対処もマネジャーの仕事であり、対処しなければ職場の中で起こるパターンは変わらず、問題は起こり続けます（そしてマネジャー自身が苦しみ続けます）。問題が起こるパターンを変える必要があり、それがマネジャーの本来の仕事なのです。

・テレワークにおいて、あなたは部下と以下のどの関わり方をして
いますか？

　A．部下の仕事に口を出さずに任せ、部下から連絡があれば対応している

　B．部下を信頼し、必要なコミュニケーションをして支援している

　C．部下の仕事ぶりを監督し、業務の進捗をコントロールしたい

　※Aは放任、Cは監視の傾向あり。Bは中庸（対話と協働の可能性あり）

　→上記のように考える、あなたのマネジメント観は、どのように
　　形成されたと考えますか？（あなたのこれまでのどのような経
　　験から、そうすることがよいことだと考えるようになりました
　　か？）

・上記のあなたの関わり方について、部下はどのように感じていま
すか？　また、部下はどのような関わり方を望んでいますか？
部下に尋ねてみてください。

　→部下に尋ねた結果は？

　　あなたの関わり方に対して部下がどのように感じているのか？

　　部下はあなたにどのような関わり方を望んでいるのか？

本書全体を通したセルフ・リフレクション

●本書全体を通して、あなたが考えたこと、気づいたことは？

....

....

....

....

....

●あなたが3年後になっていたい、理想的なマネジャー像は？　どのような行動や対処、チームや部下との関わりができるようになっていたいですか？

....

....

....

....

....

●あなたが理想とするマネジャーにあなた自身がなっていくために、大切にしたいこと、こころがけたいこと、試みたいことは？

....

....

....

....

....

●明日からあなたは、どんな試みや行動、こころがけをしていきますか？

（1週間後、または、1か月後など、一定の期間後に、ここに書いたことを見直してふりかえり、内省して、新たな行動計画をしてみましょう）

....

....

....

....

....

●上記を書いた3年後に、またこのページを見てください。

本書を読んで、上記を書いた後の3年間で、あなた自身のどのような変化・成長がありましたか？

....

....

....

....

....

おわりに

　本書では、マネジャーが人間的側面のディベロップメントを促す職場づくりを行うための理論と実践方法を紹介してきました。理論だけを紹介する研究書ではなく、ハウツーやノウハウだけを紹介するビジネス書でもない、理論と実践をつなげることをめざしました。その背景には、ノウハウだけを知って実践してもうまくいかない、職場の現状をマネジャーが捉えるためには、認識するための枠組みとなる理論が必要で、現状を捉えて初めて方法を適用できると考えているためです。

　「はじめに」にも触れましたが、私はこれまで組織開発の手法を書籍で具体的に紹介することは避けていました。職場や組織の人間的側面で起こる事柄は「適応課題」であり、既存の手法を当てはめる「技術的な問題」の解決策では対処できないためです。手法を行うことが組織開発だと捉える人々が多い現状で、手法だけが独り歩きすることを避けたくて、講座の中で組織開発の手法を体験してもらい、体験した人が実践することを推奨してきました。

　本書では、私のこのポリシーを大転換させて、具体的な手法やノウハウを詰め込みました。それは、現場がよくなるためには、マネジャーが組織開発の基本を理解して、典型的な手法を実践する必要があると感じるようになったためです。職場の風土や関係性をよくしたいと感じているマネジャーが多い一方で、職場をどうやって変えていったらよいかわからない、学ぶ場がないという方も多いという現状があると感じました。また、会社から職場診断の結果について職場のメンバーと話し合うように言われているけれど、どのように進めればいいのかわからない、ということも起こっているようです。そこで、職場をよくしたいと願っているマネジャーが実施してみることができる参考書として、組織開発の手法のノウハウを詰め込んだ本書を記しました。

　確かに、手法を実践する場で起こるプロセスに効果的に働きかける必要があるので、手法のノウハウだけを知ってそのまま実施しても、うまくいかないことが多いのは大前提です。マネジャーが手法を試みてみ

て、その試みの経験から学び、より効果的に実践できるようになっていく過程が大切です。本書を参考にして実践をしてみようとするマネジャーの皆さん、手法を使うだけではなく、手法を実践することを通して学んでいってください。そして、そのようなマネジャーの実践を部下が体験して、職場をよくするための対話の重要性を学び、その人たちがマネジャーになってから自ら実践していくことで、将来、日本によい職場が増えていくことを夢見ています。

　私が本書のようなノウハウ本を書いたことに対して、また、現場での活用可能性について、忌憚のないフィードバックをいただけると幸いです。

　本書を執筆できたのは、私が組織開発コンサルタントとして関わることができた企業のクライアントの皆さん、私が担当する組織開発の講座で出会った皆さんのお陰です。皆さんと出会え、関わることができ、現場感覚やご苦労を私に教えていただけたことに感謝しています。そして、本書を出版するにあたり、日本能率協会マネジメントセンターの黒川剛さんには企画から編集までご苦労をおかけしました。また、日本能率協会マネジメントセンターの奥平淳さんとは、組織開発の学びの場をともに企画し実施する中でさまざまな現場の知をいただき、本書にも貴重なコメントをくださいました。御二人のサポートがあってこのように出版することができました。記して感謝を表します。

2021年9月

中村和彦

引用文献

アデコ株式会社　(2020)．テレワーク未経験の管理職と一般職のテレワーク意識比較調査　THEアデコグループサイト　Retrieved from https://www.adeccogroup.jp/pressroom/2020/0821　公開日2020年8月21日

天野 勝　(2013)．これだけ！KPT　すばる舎リンケージ

Autor, D. H., Levy, F., & Murnane, R. J.　(2003)．The skill content of recent technological change: An empirical exploration. *The Quarterly Journal of Economics*, 118 (4), 1279-1333.

ブレイク, R.・ムートン, J.　高橋 達男・広田 寿亮 訳　(1972)．グリッド方式による組織づくり　産業能率短期大学出版部

Bushe, G. R. (2009). Clear leadership: Sustaining real collaboration and partnership at work. (revised ed.) Boston, MA: Davies-Black.

Creelman, D. (2001) An Interview with David Cooperrider. Retrieved from https://www.centerforappreciativeinquiry.net/wp-content/uploads/2011/05/interview-with-david cooperrider_Center-for-Appreciative-Inquiry

ドラッカー, P. F.　(1974)．マネジメント——課題・責任・実践——　ダイヤモンド社

フレドリクソン, B.　高橋 由紀子 訳　(2010)．ポジティブな人だけがうまくいく3：1の法則　日本実業出版社

フレイレ, P.　小沢 有作他 訳　(1979)．被抑圧者の教育学　亜紀書房

古川 久敬　(1990)．構造こわし——組織変革の心理学——　誠信書房

ハイフェッツ, R. A.・リンスキー, M.　(2018)．[新訳]最前線のリーダーシップ——何が生死を分けるのか——　英治出版

本間 浩輔　(2017)．ヤフーの1on1——部下を成長させるコミュニケーションの技法——　ダイヤモンド社

本間 浩輔・吉澤 幸太　(2020)．1on1ミーティング——「対話の質」が組織の強さを決める——　ダイヤモンド社

石山 恒貴　(2018)．越境的学習のメカニズム——実践共同体を往還しキャリア構築するナレッジ・ブローカーの実像——　福村出版

Luft, J.　(1963)．*Group processes: An introduction to group dynamics.*　Palo Alto, CA: National Press Books.

村越 広享・海谷 治彦・落合 浩一郎・佐伯 元司　(1996)．非同期型のコミュニケーションを用いた共同作業における阻害要因の分析　情報処理学会研究報告ソフトウエア工学, 1996 (41 (1996-SE-109)), 25-32.

中原 淳　(2020)．サーベイ・フィードバック入門　PHP研究所

中原 淳・金井 壽宏　(2009)．リフレクティブ・マネジャー—— 一流はつねに内省する——　光文社

中原 淳・長岡 健　(2009)．ダイアローグ——対話する組織——　ダイヤモンド社

中原 淳・中村 和彦 （2018）． 組織開発の探究——理論に学び、実践に活かす——　ダイヤモンド社

中村 和彦 （2015）． 入門　組織開発——活き活きと働ける職場をつくる——　光文社

日本マンパワー （2020）． オフィスで働く会社員の約8割がメリットを実感！ コロナ禍で進んだ「テレワーク」のメリット、デメリットとは？　Retrieved from https://www.manpowergroup.jp/client/jinji/surveydata/20200817.html　マンパワーグループWebサイト　公開日2020年8月17日

小田 理一郎 （2017）． 「学習する組織」入門——自分・チーム・会社が変わる持続的成長の技術と実践——　英治出版

パーソル総合研究所 （2020a）． パーソル総合研究所、テレワークに関する不安感や孤独感について調査結果を公表　不安感・孤独感はテレワーカーが2〜3割の職場で最も高い。まだらテレワークに注意　Retrieved from https://rc.persol-group.co.jp/news/202006100001.html　パーソル総合研究所ニュースリリース　公開日2020年6月10日

パーソル総合研究所 （2020b）． 第四回・新型コロナウイルス対策によるテレワークへの影響に関する緊急調査 Retrieved from https://rc.persol-group.co.jp/news/202012160001.html　パーソル総合研究所ニュースリリース　公開日2020年12月16日

パーソル プロセス＆テクノロジー （2020）． テレワーク中の超過に関する意識・実態調査　Retrieved from https://www.persol-pt.co.jp/news/2020/12/10/4814/　パーソル プロセス＆テクノロジー ニュースリリース　公開日2020年12月10日

レディ, W. B. （2018）． インターベンション・スキルズ——チームが動く、人が育つ、介入の理論と実践——　金子書房

シンガー＝ベルシュ, N.・シャーマン, K.・アンダーソン, E. （2020）． 仕事の進め方をどう変えるべきか——マイクロソフトのデータが示す在宅勤務の課題——　*Diamond Harvard Business Review*, 2020年11月号, 44-51.

Tuckman, B. W. （1965）． Developmental sequence in small groups. *Psychological Bulletin*, 63, 384-399.

ワイク, C. E.　遠田 雄志・西本 直人 訳 （2001）． センスメーキング イン オーガニゼーションズ　文眞堂

吉川徹・小木和孝 （編） （2015）． メンタルヘルスに役立つ職場ドック　労働科学研究所出版部

吉川 徹 （2018）． 職場環境改善の工夫の検討　平成29年度厚生労働科学研究費補助金（労働安全衛生総合研究事業）(H27－労働－一般－004)ストレスチェック制度による労働者のメンタルヘルス不調者の予防と職場改善活動効果に関する研究 Retrieved from https://mental.m.u-tokyo.ac.jp/jstress/参加型職場環境改善の手引き（2018改訂版).pdf

【著者紹介】

中村 和彦（なかむら かずひこ）

南山大学 人間関係研究センターセンター長／人文学部心理人間学科教授
名古屋大学大学院教育学研究科教育心理学専攻後期博士課程満期退学。教育学修士。専門は組織開発、ラボラトリー方式の体験学習、グループ・ダイナミックス。米国NTL Institute 組織開発Certificate Program修了。
トレーニングや組織開発コンサルティングなど、様々な現場における実践に携わるとともに、実践と研究のリンクをめざしたアクションリサーチに取り組む。
好きな言葉は "There is nothing so practical as a good theory." (by K. Levin)：「優れた理論ほど実践的なものはない」。理論を実践でいかに活かすかに関心がある。主な著書に『入門 組織開発』（光文社）、『組織開発の探究』（共著、ダイヤモンド社）、『マンガでやさしくわかる組織開発』（日本能率協会マネジメントセンター）。訳書に『対話型組織開発—その理論的系譜と実践』（英治出版）がある。

「組織開発」を推進し、成果を上げる

マネジャーによる職場づくり 理論と実践

2021 年 9 月 30 日　初版第 1 刷発行
2023 年 8 月 5 日　　第 4 刷発行

著　者 ——— 中村和彦
　　　　　　ⓒ2021 Kazuhiko Nakamura

発行者 ——— 張　士洛

発行所 ——— 日本能率協会マネジメントセンター

〒 103-6009　東京都中央区日本橋 2-7-1　東京日本橋タワー
TEL　03（6362）4339（編集）／ 03（6362）4558（販売）
FAX　03（3272）8127（販売・編集）
https://www.jmam.co.jp/

装　丁 ——— IZUMIYA（岩泉卓屋）
本文 DTP ——— 株式会社森の印刷屋
印刷・製本 ——— 三松堂株式会社

ISBN 978-4-8207-2952-5 C2034
落丁・乱丁はおとりかえします。
PRINTED IN JAPAN

基本がわかる実践できる
マネジメントの基本教科書

JMAMマネジメント教育研究会　編

基本がわかる／実践できる
Basic Textbook for Management

マネジメント
の基本教科書

図解&事例

JMAMマネジメント教育研究会〔編〕

新たな時代の管理者に求められる役割と行動

マネジメント基本知識習得と管理者の役割を理解する
組織を活性化し、持続可能な組織を創る
自分を活かす・組織を活かす・メンバーを活かす
これまでのマネジメントと未来に向けた実践方法とは

日本能率協会マネジメントセンター

A5判　328頁

新たな時代のマネジメントに必要な基本要素を理解し、
人・組織・社会を活かす管理者をめざす

　個人と組織のあり方が変わる中で、これからの管理者に求められる以下3つの観点を重視した新しい時代におけるマネジメントの基本教科書です。
1. 自分（=管理者）を活かす
2. 多様な人材（価値観・考え方・立場）を抱える組織を活かす
3. メンバー個々人の主体性を活かす
　明日から一歩踏み出す行動を各セッションで伝える（理論よりも実践）ことで、自分でもマネジメントができるという気持になります。また教科書として、実践に活用できるように、自分に問いかけながら、自らの職場実践をイメージできるようになります。

日本能率協会マネジメントセンター

チームワーキング
ケースとデータで学ぶ「最強チーム」のつくり方

中原 淳、田中 聡　著

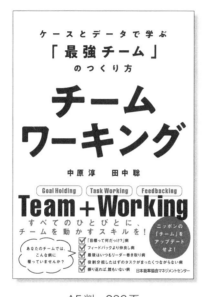

A5判　232頁

"すべてのひとびとに、チームを動かすスキルを！
ニッポンの「チーム」を、アップデートせよ！"

　本書は、さまざまな現場で「チームを前に進めたいと考えているすべてのひとびと」に向けて書かれた本です。「チームワーキング」とは「チーム (Team)」に「ワーキング (Working：常に動いている状態)」を付け加えた本書の重要なキーワードです。

　1) チームメンバー全員参加で、2) チーム全体の動きを俯瞰的に見つめ、3) 相互の行動に配慮し合いながら、目標に向けてダイナミックに変化し続けながら、成果創出をめざすチームの状態をつくり出すために……。目標に向かってチームを前に進めようとしているすべての方々に必要なチームワークについて、地に足をつけたかたちで、チームを動かす技術について学べる書籍です。

日本能率協会マネジメントセンター

マンガでやさしくわかる組織開発

中村和彦　著／松尾陽子　マンガ

四六判　248頁

組織が抱える根本的な問題を、チームで解決する！
～職場活性化を実現する考え方＋実現のヒント～

　「組織開発」の考え方を、マンガのストーリーを元に解説していきます。
　ストーリーの舞台となるのは、業績はいいものの休職者・退職者の数が増加している自動車販売店。主人公である店長は、活気のない職場を何とかしようと、さまざまな対策を試みるものの、思ったような反応・効果が得られない。そのような中、「組織開発」に出会い、実践を始める——。活気がなく、社員同士の会話もまばらな職場を、主人公たちはどのように変えていくのでしょうか。
　ストーリーで疑似体験しながら、解説で理解を深める、「組織開発」のエッセンスをつかめる入門に最適な1冊です。

日本能率協会マネジメントセンター